Diogenes Taschenbuch 24742

de
te
be

W0072614

Gefährliche Ferien – Adria

Ausgewählt von
Elke Ritzlmayr

Mit einer exklusiven Geschichte von
Ines Calic

Diogenes

Originalausgabe

Alle Rechte an dieser Ausgabe vorbehalten
Diogenes Verlag AG Zürich
www.diogenes.ch
60/24/36/1
ISBN 978 3 257 24742 8

Inhalt

GIANRICO CAROFIGLIO

Reise in die Nacht

Am Freitagvormittag hatte ich einen Termin bei Gericht, danach ging ich zu Abdou ins Gefängnis. Wir mussten uns auf seine Vernehmung vorbereiten, die am darauf folgenden Montag stattfinden sollte.

Der Wärter führte mich ins Besucherzimmer und schloss mit einem – für mein Empfinden boshaften – Lächeln die Tür. Die Hitze war drückend, schlimmer, als ich es mir vorgestellt hatte. Ich zog die Jacke aus, lockerte den Krawattenknoten, knöpfte meinen Hemdkragen auf. *Eigentlich*, dachte ich, *bist du ja kein Gefangener; wo steht geschrieben, dass du bei geschlossener Tür in diesem Kabuff ausharren und nach Luft schnappen musst?* Also öffnete ich die Tür. Der Beamte im Korridor sah mich feindselig an und schien drauf und dran, etwas zu sagen, tat es dann aber doch nicht.

Ich lehnte mich an den Türrahmen, in die Mitte zwischen Tür und Korridor, und zog eine Zigarette heraus. Aber ich zündete sie nicht an. Selbst dafür war es zu heiß.

Ich spürte, wie mein schweißgetränktes Hemd an meinem Rücken klebte, und ein Gedanke tauchte direkt aus den Tiefen meiner Kindheit auf.

Ein bisschen Puder, das wäre jetzt das Richtige, dachte ich.

Als Kinder wurden wir, wenn wir schwitzten, eingepudert. Wer dagegen protestierte, weil er meinte, zu groß dafür zu sein, bekam zu hören, dass er sonst eine Rippenfellentzündung bekäme. Wollte er wissen, was das sei, sagte man ihm *etwas ganz Schlimmes* – in einem Ton, bei dem einem die Lust, nachzuhaken, verging.

Während mir dies durch den Kopf ging, fiel mir auf, dass das schon das zweite Mal in zwei Tagen war, dass mir Dinge aus meiner Kindheit in den Sinn kamen. Das war merkwürdig, denn ich dachte normalerweise *nie* an meine Kindheit. Ich erinnerte mich an so gut wie gar nichts. Wenn mich einmal jemand – fast immer Frauen – fragte, wie meine Kindheit gewesen sei, antwortete ich irgendetwas, was mir gerade in den Sinn kam. Manchmal sagte ich, ich sei ein glückliches, andere Male, ich sei ein trauriges Kind gewesen. Manchmal, wenn ich Eindruck schinden wollte, sagte ich auch, ich sei ein seltsames Kind gewesen. Ich fand, das verlieh mir eine geheimnisvolle Aura. So besondere Leute – wie ich – sind natürlich seltsame Kinder gewesen, war damit gemeint.

In Wirklichkeit erinnerte ich mich kaum an meine Kindheit und hatte auch keine Lust, darüber nachzudenken. Wenn ich mich bisweilen konzentrierte, um mich doch an das ein oder andere zu erinnern, wurde ich traurig. Daraufhin ließ ich es dann wieder sein. Ich mochte die Traurigkeit nicht, ich ging ihr aus dem Weg, soweit das möglich war.

Jetzt betrachtete ich verwundert diese Erinnerungsfetzen, die weiß Gott woher auftauchten. In das Staunen und die Neugier, die sie hervorriefen, mischte sich ein Hauch von Wehmut, aber nichts von der Trauer, die mich früher immer hatte wegschauen lassen.

Während ich über diese neuerliche Veränderung nachdachte, überkam mich eine Art Frösteln, das sich vom Rücken bis zu den Haarwurzeln im Nacken und in die Arme ausbreitete. Obwohl es heiß war.

Jetzt zündete ich die Zigarette an.

Irgendwann sah ich Abdou am Ende des langen Korridors auftauchen.

Er kam auf mich zu, schüttelte mir die Hand und neigte sogar etwas den Kopf, wie zu einer kleinen Verbeugung. Ich erwiderte seinen Gruß automatisch; hinterher war mir das peinlich.

Er hatte eine Zeitung in der Hand und ließ mir den Vortritt ins Sprechzimmer.

Wir setzten uns, keiner von beiden in den kaputten Sessel, der immer noch dastand. Abdou reichte mir die Zeitung mit einer Art Lächeln.

»Was ist das?«, fragte ich.

»Da steht was über dich drin, Avvocato.« Seine Stimme klang anders als sonst.

Ich nahm die Zeitung. Sie war zwei Tage alt. In einem Artikel – mit Foto von mir – wurde ausführlich über die Verhandlung vom vergangenen Dienstag berichtet. Ich hatte ihn vorher weder gesehen, noch gelesen. Wie auch, ich kaufte ja seit einem Jahr keine Zeitung mehr.

Dramatisch verlief die Verhandlung gestern im Prozess gegen den Senegalesen Abdou Thiam, der laut Anklage den kleinen Francesco Rubino entführt und ermordet haben soll. Die wichtigsten Zeugen der Anklage wurden gehört, darunter Antonio Renna, der Betreiber einer Bar in Capitolo, dem Badeort bei Monopoli, wo das Kind vor einem Jahr verschwunden war.

Der sehr selbstsicher auftretende Renna wiederholte vor Gericht, was er bereits den Fahndern gesagt hatte: Er habe den Angeklagten am Tag des Geschehens an seiner Bar vorübergehen sehen, die sich in unmittelbarer Nähe des Ortes befindet, an dem das Kind zuletzt gesehen wurde.

Die entscheidende Wende nahm der Prozess während des spektakulären Kreuzverhörs durch den Verteidiger des Senegalesen, Guido Guerrieri. Nach einigen scheinbar unverfänglichen Fragen, die allerdings die ausländerfeindliche Haltung des Zeugen deutlich zutage treten ließen, legte Guerrieri diesem mehrere Fotos von dunkelhäutigen Männern vor und fragte ihn, ob er jemanden darunter wieder erkenne. Als der Zeuge verneinte, zog der Verteidiger sein Ass aus dem Ärmel: In Wahrheit zeigten gleich zwei der Fotos den Angeklagten Abdou Thiam, also genau die Person, die der Zeuge Renna angeblich so gut kannte und an jenem tragischen Nachmittag an seiner Bar vorübergehen gesehen hatte.

Die Fotos wurden vom Gericht als Beweismittel aufgenommen, und Staatsanwalt Cervellati kam nicht umhin, die Schlappe einzustecken und den Zeugen erneut zu vernehmen, um seine Aussage im Detail zu klären. Renna erklärte, dass er den Angeklagten seit dem Tag des Geschehens vor einem Jahr nicht mehr gesehen habe, dass er weiterhin zu seiner Aussage stehe und dass er den Angeklagten aufgrund der unscharfen Fotos nicht erkannt habe. Tatsächlich handelt es sich bei den Bildern um Farbkopien von minderer Qualität.

Mit einer neuerlichen Vernehmung des Zeugen gelang es dem Staatsanwalt den Schaden zu begrenzen, aber der Anwalt konnte zweifellos in dieser für die Verteidigung nicht einfachen Verhandlung mehr als einen Punkt für sich verbuchen.

Vor dem Barbesitzer wurden der Gerichtsarzt und der Leiter der Fahndung, Maresciallo Lorusso, angehört.

Auch während der Vernehmung des Carabiniere gab es spannungsgeladene Momente, als der Verteidiger auf Unterlassungen und Fahrlässigkeiten hinwies, zu denen es seines Erachtens während der Ermittlungen und besonders im Verlauf der Hausdurchsuchung gekommen war.

Heute Morgen geht es mit den Eltern und Großeltern des Kindes weiter, die Vernehmung des Angeklagten ist für kommenden Montag angesetzt. Danach beginnt, sofern keine neuen Beweisanträge vorliegen, die Hauptverhandlung.

Ich las den Artikel zweimal. *Spektakuläres Kreuzverhör.* Es gelang mir nicht, die kindliche Freude zu unterdrücken, die ich beim Lesen dieser Worte und beim Anblick meines Fotos in der Zeitung empfand. Es war nicht das erste Mal, dass ich in Zusammenhang mit irgendeinem Prozess, auch mit einem Foto, in einem Artikel erwähnt wurde.

Aber diesmal war es anders. Diesmal war ich der Protagonist des Artikels.

Wann hatten sie dieses Foto von mir gemacht? Es war nicht ganz neu, vielleicht zwei Jahre alt, aber an die Umstände entsann ich mich nicht. *Na ja, schlecht ist es nicht,* dachte ich, *aber in echt siehst du besser aus.*

Nachdem ich einige Sekunden an derlei Überlegungen verschwendet hatte, kam ich mir vor wie ein Idiot, legte die Zeitung auf den Tisch und wandte mich an Abdou.

Er sah mich an. An seinem Gesicht war abzulesen, dass er jetzt überzeugt war, wir würden es schaffen. Er hatte den Artikel gelesen und dachte jetzt, dass er beim richtigen Anwalt gelandet war und vielleicht doch noch Glück hatte. Ich fragte mich, ob ich ihm seine Illusionen rauben und klarstellen sollte, dass unsere Chancen immer noch sehr schlecht standen, auch wenn die letzte Sitzung gut gelaufen war. Ich antwortete mir, dass das überflüssig war. Und so nickte ich nur leicht und zuckte etwas mit den Schultern, was alles und nichts bedeuten konnte.

»Gut, Abdou. Lass uns jetzt über die nächste Sitzung sprechen. Du weißt, da wirst du vernommen.«

Er nickte aufmerksam, aber ohne etwas zu sagen. Es war an mir, zu sprechen.

»Ich erkläre dir jetzt, wie alles funktioniert und wie du dich verhalten musst. Wenn du etwas nicht verstehst, unterbrich mich lieber gleich und frage.«

Erneutes, nachdrückliches Kopfnicken.

»Als Erster wird dich der Staatsanwalt vernehmen. Sieh

ihn an, während er seine Fragen stellt. Aufmerksam, aber nicht herausfordernd. Antworte nicht, bevor er ausgesprochen hat. Wenn er fertig ist, wende dich an die Richter und sprich zu ihnen. Komm bloß nicht auf die Idee, mit dem Staatsanwalt zu streiten. Verstanden?«

»Wenn der Staatsanwalt spricht, sehe ich ihn an, wenn ich spreche, sehe ich die Richter an.«

»Genau. Dasselbe gilt natürlich, wenn du vom Anwalt des Nebenklägers oder auch von mir gefragt wirst. Du musst den Richtern zeigen, dass du dir die Fragen anhörst und sie beantwortest. Klar?«

»Ja.«

»Warte mit der Antwort ab, bis die Frage ausgesprochen ist. Vor allem, wenn ich sie dir stelle. Es darf nicht aussehen, als würden wir schauspielern und einen auswendig gelernten Text aufsagen. Verstehst du, was ich meine?«

»Ja. Kein Theater zwischen uns beiden.«

»Prima. Jetzt was anderes. Setz dich nie auf den Rand des Stuhls, setz dich immer richtig hin. So.« Ich machte es ihm vor. »Nicht so.« Neuerliche Demonstration: Einer, der bequem sitzt, zurückgelehnt, die Beine übereinander geschlagen. »Die Sache ist die: Wenn du auf der Stuhlkante sitzt, sieht es aus, als wolltest du jeden Moment davonlaufen, und das ist nicht gut. Du darfst aber auch keinen allzu entspannten Eindruck machen. Immerhin geht es um dein Leben, darum, ob du einen Großteil deiner Lebenszeit im Gefängnis verbringen wirst, da kann man nicht gelassen bleiben. Wenn du also entspannt wirkst, denken die Richter, du machst ihnen etwas vor – vielleicht nur unbewusst, aber sie denken es. Kapiert?«

»Ja.«

»Antworte nie, wenn du eine Frage nicht verstanden hast oder dir nicht sicher bist, sie richtig verstanden zu haben. Bitte, dass man sie dir wiederholt – egal, wer gefragt hat.«

»In Ordnung.«

»Gut. Dann wiederhol mir jetzt bitte noch einmal alles, was wir bisher gesagt haben.«

»Ich muss den, der mich fragt, ansehen. Wenn die Frage beendet ist, drehe ich mich um, sehe das Gericht an und antworte. Wenn ich die Frage nicht verstehe, bitte ich, sie zu wiederholen. Ich muss mich so hinsetzen.«

Er setzte sich, wie ich es ihm vorgemacht hatte. Ich lächelte und nickte. Abdou brauchte man die Dinge nicht zweimal zu sagen.

An diesem Punkt zog ich das Protokoll seiner Vernehmung durch den Staatsanwalt und andere Papiere aus der Aktentasche. Nachdem geklärt war, wie er aufzutreten hatte, mussten wir uns noch darüber einigen, was er sagen und wie er das bisher Ausgesagte erklären sollte. Außerdem mussten wir über die zusätzlichen Beweismittel sprechen, die ich nach der Vernehmung anfordern wollte.

Ich blieb bis drei Uhr im Gefängnis bei einer Hitze, die von Stunde zu Stunde drückender wurde. Als wir uns zum Abschied die Hand schüttelten, hatte ich das Gefühl, alles getan zu haben, was ich tun konnte.

Ich ging rasch nach Hause, duschte und zog eine dünne Hose und ein Polohemd an. Danach machte ich mir einen Salat, aß, setzte mich in einen bequemen Sessel und rauchte zwei Zigaretten, zu denen ich Eiskaffee aus dem Shaker trank. Gegen halb fünf machte ich mich auf den Weg in die

Kanzlei. Unten an der Haustür versuchte ich noch Margherita über die Sprechanlage zu erreichen, aber sie war nicht daheim. Ich war ein bisschen enttäuscht, nahm mir aber vor, es nach der Arbeit noch einmal telefonisch zu versuchen.

Im Büro empfing ich zwei, drei Klienten, dann kam noch mein Steuerberater vorbei, schließlich erledigte ich die Korrespondenz und sagte zu Maria Teresa, das sei alles für heute, sie könne gehen. Ich widmete mich einem Schriftstück auf meinem Schreibtisch. Als ich wieder aufsah, stand sie immer noch da. Ich sah sie mit einem fragenden Lächeln an. Maria Teresa war nicht ausgesprochen hübsch, aber sie hatte schöne, blaue Augen, die ironisch und intelligent blickten. Sie arbeitete seit vier Jahren bei mir und versuchte nebenbei, ihr Examen in Jura abzulegen. Sie wollte Richterin werden.

»Ist etwas?«, fragte ich, immer noch mit einem fragenden Lächeln auf den Lippen. Sie schien nach Worten zu suchen.

»Ich wollte Ihnen nur sagen, dass ich … dass ich mich freue, dass es Ihnen besser geht. Ich war sehr … sehr besorgt.«

Ich schwieg verwundert. Wir hatten in den vier Jahren, die wir uns jetzt kannten, noch nie über persönliche Dinge miteinander gesprochen, nicht einmal ansatzweise. Im Grund hatte ich keine Ahnung, wer diese junge Frau wirklich war, ob sie einen Freund hatte, was ihr im Kopf umging, und so weiter. Deshalb hätte ich auch nie damit gerechnet, dass sie so etwas zu mir sagte, obwohl ich natürlich ahnte, dass sie mir etwas angemerkt hatte. Sie ergriff als Erste wieder das Wort.

»Ich hätte gern etwas für Sie getan, als es Ihnen so schlecht ging, aber Sie waren so ... so abweisend. Ich war wirklich besorgt. Ich habe schon das Schlimmste befürchtet ...«

»Das Schlimmste?«

»Ja, lachen Sie nicht. Ich dachte an die Leute, die Selbstmord begehen – ihre Freunde und Angehörigen sagen hinterher immer, sie seien in letzter Zeit so verändert gewesen, depressiv ...«

»Sie dachten, ich könnte Selbstmord begehen?«

»Ja, und deshalb war ich froh, als ich vor ein paar Monaten gemerkt habe, dass es langsam wieder bergauf geht. Inzwischen scheint es Ihnen wieder richtig gut zu gehen, und ich wollte Ihnen nur sagen, dass mich das sehr freut.«

Ich wusste nicht, was ich darauf erwidern sollte, mir kamen nur Banalitäten in den Sinn, und ich wollte keine Banalitäten von mir geben. Da rauschen ganze Welten an uns vorbei, und wir merken es nicht einmal. Ich war ziemlich bestürzt.

»Danke«, sagte ich nur. Gleich darauf stand ich jedoch auf, umrundete meinen Schreibtisch und drückte ihr einen Kuss auf die Wange. Sie errötete ganz leicht.

»Dann ... bis Montag.«

»Ja, bis Montag. Danke, Maria Teresa.«

Die Vorbereitung von Abdous Vernehmung und die Klärung einiger technischer Details in Zusammenhang mit den Beweisanträgen beschäftigten mich bis kurz nach acht, danach schloss ich das Büro zu und ging. Draußen war es noch hell, eine sehr angenehme leichte Brise war aufgekommen, und ich fühlte mich euphorisch. Ich hatte meine Pflicht getan, es war Sommer, und es war Freitag. Zum ersten Mal seit langer Zeit hatte ich wieder Wochenendgefühle, und das war so herrlich, dass ich fand, es müsse gefeiert werden. Ich wollte irgendetwas unternehmen.

Als Erstes versuchte ich, Margherita auf ihrem Handy zu erreichen, aber es war abgeschaltet oder sie ging nicht ran. Später, an der Haustür, versuchte ich es noch einmal mit der Sprechanlage, aber sie war offensichtlich nicht zu Hause. Ich war ein bisschen enttäuscht, aber nur ein bisschen.

Ich überlegte mir, wozu ich Lust hatte, und es fiel mir sofort ein. Also ging ich in meine Wohnung, packte eine kleine Tasche, steckte ein paar Bücher ein, holte meinen Wagen aus der Garage und startete in Richtung Süden. Ich wollte ans Meer.

Gegen elf kam ich in Santa Maria di Leuca an, nahm ein Zimmer in einer kleinen Pension direkt am Meer und ging Abendessen. Danach machte ich einen langen Spaziergang, die Strandpromenade auf und ab, wobei ich mich immer wieder zum Rauchen auf eine Bank setzte, den Leuten zuschaute und die Abendfrische genoss. Gegen halb zwei ging ich ins Bett und schlief augenblicklich ein, um am Samstag, kurz nach neun, wieder aufzuwachen. Ich konnte mich nicht erinnern, wann ich zuletzt so gut geschlafen hatte. Vielleicht mit zwanzig, oder kurz danach.

Mein ganzes Wochenende bestand aus Sonnen, Baden, Essen, Lesen, Schlafen und Leute beobachten. Denken kam so gut wie gar nicht vor. Ich beobachtete die Leute am Strand, in den Restaurants, und abends in den Gassen des Dorfes. Ich verbrachte Stunden damit, ihnen zuzusehen, ohne mich im Geringsten darum zu kümmern, dass sie mich vielleicht auch ansahen und womöglich merkwürdig fanden. Am Samstagmorgen machte ich am Strand die Bekanntschaft einer etwa fünfundsechzigjährigen, sehr fülligen Dame aus Lecce, die einen – Gott sei Dank einteiligen – Badeanzug mit hellblauen Blümchen trug. Sie war sehr sympathisch und erzählte mir, sie habe vor drei Jahren ihren Mann verloren und danach sei es ihr fünf, sechs Monate lang sehr, sehr schlecht gegangen. Sie hatte geglaubt, ihr Leben sei zu Ende, weil sie doch so jung geheiratet hatte, schon mit zweiundzwanzig, und nie mit einem anderen Mann zusammen gewesen war. Dann aber hatte sie sich allmählich mit dem Gedanken angefreundet, dass vielleicht doch noch nicht alles zu Ende war und dass sie vielleicht noch ein paar Dinge tun konnte, die sie immer hatte tun wollen, aus irgendeinem Grund aber stets aufgeschoben hatte. Als Erstes belegte sie einen Origami-Kurs, denn Origami war eines von diesen Dingen; ihre Großmutter hatte ihr als Kind immer so schöne Spielsachen aus buntem Papier gefaltet. Wenn sie alt genug wäre, wollte sie ihr beibringen, wie man das macht, aber daraus war nichts geworden. Kurz bevor sie sieben Jahre alt war, starb die Großmutter. Also hatte sie Origami gelernt und zwar ziemlich gut – wie sie mir auch gleich demonstrierte, indem sie vor meinen Augen einen Pinguin, eine Robbe und dann noch ein Rentier faltete – und hatte Lust bekommen, noch andere Dinge zu tun. Und das tat sie auch. Beispielsweise allein ans Meer fahren oder verreisen, denn finanziell hatte sie glücklicherweise keine Probleme, und so weiter und so fort. Und wissen Sie, junger Mann, wenn man so beschäftigt ist, hat man gar keine Zeit, darüber zu grübeln, dass das Leben zu Ende ist oder wie viele Jahre einem noch bleiben, bis man stirbt, und ähnlichen Unsinn. Ich meine, wir sterben ja sowieso ... Und während sie redete, machte sie sich gleichzeitig noch Sorgen, ich könnte mir einen Sonnenbrand holen, und reichte mir eine Flasche Sonnenschutz mit der Aufforderung, mich einzucremen. Ich cremte mich auch ein und ich tat gut daran, denn die Sonne stach förmlich vom Himmel, und da ich den ganzen Tag am Meer verbrachte, hätte ich mir mit Sicherheit einen Sonnenbrand geholt. Dann wollte sie, dass ich ihr von mir erzählte, und zu meiner eigenen Verwunderung tat ich auch das. Bisher hatte ich niemandem etwas von mir erzählt außer dem bärtigen Psychiater, und auch bei ihm war es mir nicht wirklich gelungen. Die Dame hörte zu, ohne etwas zu sagen; auch das gefiel mir gut.

Am Abend ging ich nach dem Essen in eine Art Piano-Bar und hörte bis spät in die Nacht Musik. Dort freundete ich mich auch mit der Bedienung an, einem Physikstudenten, der sich am Wochenende mit Kellnern ein wenig Geld verdiente. Irgendwann meinte er zu mir, an einem der Nebentische im Dunkeln säßen zwei Mädchen, die sich nach mir erkundigt hätten. Er sagte, sie seien hübsch, und wenn ich wollte, könne er ihnen etwas ausrichten von mir. Die Art, in der er das sagte, war nett und keine Spur vulgär. Ich sagte, nein, danke, vielleicht ein anderes Mal, woraufhin er mich etwas verblüfft ansah. Als ich ging, ließ ich ein Trinkgeld auf dem Tisch zurück. Möglich, dass er dachte, ich stehe auf Männer, aber das war mir egal.

Auch diese Nacht schlief ich wie ein Stein und erwachte ausgeruht und gut gelaunt. Den Sonntag verbrachte ich damit, am Strand zu lesen, ins Wasser zu springen und mich mit der Sonnenmilch einzucremen, die mir die Origami-Dame geschenkt hatte.

Um sieben, es war noch ziemlich warm, stellte ich mich das letzte Mal unter die Stranddusche, holte mein Gepäck in der Pension ab und machte mich auf die Heimfahrt.

Wenige Kilometer vor Bari hörte ich es in den Tiefen meiner Reisetasche piepsen: auf meinem Handy war eine sms eingegangen. Da ich schon ewig keine sms mehr bekommen hatte, war ich neugierig. An der nächsten Tankstelle fuhr ich ab und holte das Handy aus der Tasche. Ich hatte einige Mühe, mich daran zu erinnern, wie man empfangene Nachrichten las, denn wie gesagt, ich hatte lange keine mehr bekommen, aber schließlich schaffte ich es. Die Nachricht lautete: *Eine Erklärung wäre zu lang, versuche nicht erst zu verstehen, aber ich musste es dir einfach sagen: Dich getroffen zu haben, gehört zum Schönsten, was mir je passiert ist. Nur das. M.*

Ich starrte ein paar Sekunden ungläubig auf diese Worte, dann fuhr ich weiter. Nach ein paar Minuten hatte ich Lust, die Klimaanlage auszuschalten und die Fenster runterzulassen. Draußen war ein frischer Mistral aufgekommen, der die feuchte Luft wegfegte.

Ich wusste nicht, ob es der Wind war, der meinen von der Sonne aufgeheizten Körper mit einer Gänsehaut überzog, während ich mit geöffneten Wagenfenstern nach Hause zurückfuhr. Aus den Lautsprechern drang die Stimme von Rod Steward, der *I don't wanna talk about it* sang, und ich dachte über die sms nach und über viele andere Dinge mehr.

Ich weiß nicht, ob es der Wind war, der mich mit einer Gänsehaut überzog.

DONNA LEON

Endstation Venedig

Die Leiche trieb mit dem Gesicht nach unten im dunklen Wasser des Kanals. Sanft zog die zurückgehende Flut sie zur offenen Lagune hin, die am Ende des Kanals begann. Der Kopf schlug ein paarmal gegen die bemoosten Stufen am Ufer vor der Basilika ss. Giovanni e Paolo, verfing sich dort einen Augenblick und drehte ab, als die Beine in elegant tänzerischem Bogen herumschwangen, den Körper mit sich fortzogen und ihn weiter aufs offene Wasser und die Freiheit zudriften ließen. Von der nahen Kirche schlug es vier Uhr morgens, und der Sog des Wassers verlangsamte sich wie auf Befehl der Glocke.

Er ließ immer mehr nach, bis der Moment völliger Ruhe zwischen den Gezeiten erreicht war, wenn das Wasser darauf wartet, dass die neue Tide ihr Tagwerk übernimmt. Gefangen in dieser Ruhe schaukelte das leblose Ding auf dem Wasser, dunkel gekleidet und unsichtbar. Die Zeit verstrich im Schweigen, das kurz darauf von zwei vorbeigehenden Männern gebrochen wurde, die sich leise in dem an Zischlauten reichen venezianischen Dialekt unterhielten. Einer schob einen flachen, mit Zeitungen beladenen Wagen und war auf dem Weg zu seinem Kiosk, der andere zu seiner Arbeit im Krankenhaus, das eine ganze Seite des großen, offenen Campo einnahm.

Draußen in der Lagune tuckerte ein kleines Boot vorbei, und kleine, kurze Wellen kräuselten den Kanal, spielten mit der Leiche und drückten sie gegen die Mauer.

Als die Glocken fünf schlugen, stieß in einem der Häuser am Kanal eine Frau die dunkelgrünen Läden ihres Küchenfensters auf, drehte sich um und stellte die Gasflamme unter ihrem Kaffeetopf kleiner. Verschlafen löffelte sie Zucker in eine kleine Tasse, drehte mit geübter Handbewegung das Gas ab und goss mit dickem Strahl den Kaffee in ihre Tasse. Dann umfasste sie mit beiden Händen die Tasse und trat ans offene Fenster, wo sie, wie jeden Morgen seit Jahrzehnten, zum großen Reiterstandbild des Condottiere Colleoni hinübersah, einst der gefürchtetste aller venezianischen Heerführer, jetzt ein guter Nachbar. Für Bianca Pianaro war dies der friedlichste Augenblick des Tages, und der in ewiges bronzenes Schweigen gegossene Colleoni war der ideale Genosse für diese kostbare, heimliche und stille Viertelstunde.

Sie schlürfte ihren Kaffee, freute sich an dessen Wärme und beobachtete die Tauben, die sich bereits pickend dem Sockel der Statue näherten. Beiläufig schaute sie nach unten, wo das kleine Boot ihres Mannes im dunkelgrünen Wasser dümpelte. Es hatte in der Nacht geregnet, und sie wollte sehen, ob die Plane über dem Boot noch da war. Wenn der Wind sie gelöst hatte, musste Nino hinuntergehen und das Boot ausschöpfen, bevor er zur Arbeit fuhr. Sie beugte sich vor, um besser sehen zu können.

Zuerst dachte sie, es sei ein Müllsack, den die nächtliche Flut vom Ufer herübergeschwemmt hatte. Aber die Form war seltsam symmetrisch, länglich, mit zwei Ästen, die an den Seiten herausragten, beinah als ob …

»*Oh, Dio*«, japste sie und ließ ihre Kaffeetasse ins Wasser unter sich fallen, nicht weit entfernt von der seltsamen Form, die bäuchlings im Kanal trieb. »Nino, Nino«, schrie sie, während sie sich zum Schlafzimmer umdrehte. »Im Kanal treibt eine Leiche.«

Dieselbe Nachricht, »Im Kanal treibt eine Leiche«, weckte zwanzig Minuten später Guido Brunetti. Er stützte sich auf die linke Schulter und zog das Telefon zu sich aufs Bett. »Wo?«

»Santi Giovanni e Paolo. Vor dem Krankenhaus, Commissario«, antwortete der Polizist, der ihn sofort angerufen hatte, nachdem die Meldung bei der Questura eingegangen war.

»Was ist passiert? Wer hat sie gefunden?«, fragte Brunetti, während er die Beine unter der Decke hervorschwang und sich auf die Bettkante setzte.

»Ich weiß nicht, Commissario. Ein Mann namens Pianaro hat es telefonisch gemeldet.«

»Und warum rufen Sie mich an?«, wollte Brunetti wissen, wobei er gar nicht erst versuchte, seine Verärgerung zu verbergen, die eindeutig ausgelöst war durch einen Blick auf das leuchtende Zifferblatt des Weckers: fünf Uhr einunddreißig. »Was ist mit der Nachtschicht? Ist denn keiner da?«

»Sie sind alle nach Hause gegangen, Commissario. Ich habe Bozzetti angerufen, aber seine Frau sagt, er ist noch nicht zu Hause.« Die Stimme des jungen Mannes wurde immer unsicherer, während er sprach. »Da habe ich Sie angerufen, weil ich wusste, dass Sie Tagschicht haben.«

Und die begann, wie Brunetti sich sagte, in zweieinhalb Stunden. Er schwieg.

»Sind Sie noch da, Commissario?«

»Ja, ich bin da. Und es ist halb sechs.«

»Ich weiß«, greinte der junge Mann. »Aber ich konnte sonst niemanden erreichen.«

»Schon gut, schon gut. Ich gehe hin und sehe mir die Sache an. Schicken Sie mir ein Boot. Sofort.« Angesichts der Uhrzeit und der Tatsache, dass die Nachtschicht schon weg war, fragte er: »Ist jemand da, der es herbringen kann?«

»Ja, Commissario. Montisi ist eben gekommen. Soll ich ihn schicken?«

»Ja, und zwar sofort. Und rufen Sie die anderen von der Tagschicht an. Sie sollen mich dort treffen.«

»Ja, Commissario«, antwortete der junge Mann, dem man die Erleichterung darüber anhörte, dass jemand die Sache übernahm. »Und benachrichtigen Sie Dottor Rizzardi. Bitten Sie ihn, so schnell wie möglich hinzukommen.«

»Ja, Commissario. Noch etwas, Commissario?«

»Nein, nichts weiter. Aber schicken Sie das Boot. Sofort. Und sagen Sie den anderen, wenn sie vor mir da sind, sollen sie absperren. Niemand darf in die Nähe der Leiche.« Wie viele Beweise wurden schon vernichtet, während er jetzt sprach, wie viele Zigarettenkippen weggeworfen, wie viele Paar Schuhe waren übers Pflaster geschlurft? Ohne ein weiteres Wort legte Brunetti auf.

Neben ihm im Bett regte sich Paola und sah mit einem Auge zu ihm auf, das andere war von ihrem schützend gegen das Licht erhobenen nackten Arm verdeckt. Sie gab einen Laut von sich, den er aus langer Erfahrung als Frage erkannte.

»Eine Leiche im Kanal. Sie kommen mich abholen. Ich rufe dich an.«

Der Laut, mit dem sie das aufnahm, klang zustimmend. Sie drehte sich auf den Bauch und schlief schon wieder, sicher der einzige Mensch in der ganzen Stadt, den es nicht interessierte, dass in einem der Kanäle eine Leiche trieb.

Er zog sich rasch an, beschloss aufs Rasieren zu verzichten, und ging in die Küche, um zu sehen, ob noch Kaffee da war. Er öffnete den Deckel der Caffettiera und stellte fest, dass noch ein kleiner Rest vom Abend übrig war. Obwohl er aufgewärmten Kaffee verabscheute, schüttete er ihn in einen Topf und drehte die Gasflamme hoch, während er dabeistand und wartete, dass es kochte. Als es so weit war, goss er das dickflüssige Gebräu in eine Tasse, löffelte drei Stück Zucker hinein und trank schnell aus.

Das Klingeln der Türglocke zeigte die Ankunft des Polizeiboots an. Er warf einen Blick auf seine Armbanduhr. Acht Minuten vor sechs. Das musste Montisi sein, kein anderer war in der Lage, ein Boot so schnell hierherzubringen. Er holte ein wollenes Jackett aus dem Schrank neben der Wohnungstür. Septembermorgen konnten kalt sein, und womöglich war es auch noch windig bei ss. Giovanni e Paolo, so nah am offenen Wasser der Lagune.

Am Fuß der fünf Treppen angelangt, öffnete er die Haustür und stand Puccetti gegenüber, einem Rekruten, der noch keine fünf Monate bei der Polizei war.

»*Buon giorno*, Signor Commissario«, sagte Puccetti fröhlich und salutierte. Viel mehr Lärm und Bewegung, als Brunetti zu dieser Stunde für angemessen hielt.

Er antwortete mit einer Handbewegung und eilte die

schmale Calle entlang, in der er wohnte. Auf dem Wasser sah er das Polizeiboot mit seinem rhythmisch blinkenden Blaulicht am Landesteg liegen. Am Steuer erkannte er Montisi, einen Polizeibootführer, in dessen Adern das Blut zahlloser Generationen von Buranofischern floss – Blut, das sich inzwischen mit Lagunenwasser gemischt haben musste – und der ein instinktives Wissen über Gezeiten und Strömungen in sich trug, das es ihm erlaubt hätte, die Kanäle der Stadt mit geschlossenen Augen zu durchfahren.

Montisi, vierschrötig und vollbärtig, quittierte Brunettis Ankunft mit einem Nicken, ebenso ein Zugeständnis an die Tageszeit wie an seinen Vorgesetzten. Puccetti sprang an Deck zu zwei dort wartenden, uniformierten Polizisten. Einer von ihnen machte die Leine los, und Montisi lenkte das Boot rasch rückwärts hinaus in den Canal Grande, wo er es scharf herumschwang und zurück in Richtung Rialto-Brücke fuhr. Sie glitten unter der Brücke hindurch und in einen Einbahnkanal zur Rechten. Kurz darauf bogen sie nach links ab, dann wieder rechts. Brunetti stand an Deck, den Kragen gegen den Wind und die morgendliche Kühle hochgeschlagen. Die Boote auf beiden Seiten des Kanals schaukelten in ihrem Kielwasser, und andere, die mit frischem Obst und Gemüse von Sant' Erasmo hereinkamen, wichen beim Anblick des Blaulichts seitlich in den Schutz der Häuser aus.

Endlich bogen sie in den Rio dei Mendicanti, den Kanal, der neben dem Krankenhaus und dann hinaus in die Lagune floss, genau gegenüber dem Friedhof. Die Nähe des Friedhofs war höchstwahrscheinlich Zufall, doch die meisten Venezianer, die eine Behandlung im Krankenhaus überlebt hatten, sahen in der Lage des Friedhofs einen stummen Kommentar zur Tüchtigkeit des Krankenhauspersonals.

Auf halbem Weg sah Brunetti zur Rechten eine kleine Menschengruppe zusammengedrängt am Ufer stehen. Montisi brachte das Boot fünfzig Meter weiter vorne zum Halten, ein in Brunettis Augen absolut nutzloser Versuch, irgendwelche Spuren am Fundort der Leiche durch ihre Ankunft nicht zu zerstören.

Einer der Polizisten kam zum Boot und streckte Brunetti die Hand entgegen, um ihm beim Aussteigen behilflich zu sein. »*Buon giorno*, Signor Commissario. Wir haben ihn herausgeholt, aber wie Sie sehen, haben wir schon Gesellschaft bekommen.« Er deutete auf die neun oder zehn Leute, die sich um etwas auf dem Boden scharten und mit ihren Körpern Brunettis Blick darauf verdeckten.

Der Polizist wandte sich wieder den Leuten zu und sagte im Gehen: »Polizei. Zurücktreten, bitte.« Das Nahen der beiden Männer, nicht der Befehl, bewog die Leute, Platz zu machen.

Auf dem Boden sah Brunetti den Körper eines jungen Mannes auf dem Rücken liegen, dessen offene Augen ins Morgenlicht starrten. Neben ihm standen zwei Polizisten, die Uniformen bis an die Achseln durchnässt. Beide salutierten, als sie Brunetti sahen. Sowie sie die Hände wieder an die Hose legten, tropfte neben ihnen Wasser auf den Boden. Er erkannte sie. Luciani und Rossi, beides gute Leute.

»Und?«, fragte Brunetti, während er auf den Toten hinuntersah.

Luciani, der Dienstältere, antwortete: »Er trieb im Kanal, als wir ankamen, Dottore. Ein Mann in dem Haus da drüben«, er deutete auf ein ockerfarbenes Haus auf der gegenüberliegenden Seite des Kanals, »hat uns angerufen. Seine Frau hat ihn entdeckt.«

Brunetti drehte sich um und schaute zu dem Haus hinüber. »Vierter Stock«, erklärte Luciani. Brunetti hob den Blick und sah gerade noch eine Gestalt vom Fenster zurückweichen. Während er sich das Gebäude und die Nachbarhäuser genauer ansah, bemerkte er eine ganze Reihe dunkler Schatten an den Fenstern. Einige zogen sich zurück, als er hinschaute, andere nicht.

Brunetti wandte sich wieder Luciani zu und bedeutete ihm mit einem Kopfnicken fortzufahren. »Er trieb in der Nähe der Treppe, aber wir mussten ins Wasser, um ihn herauszubekommen. Ich habe ihn auf den Rücken gelegt. Zur Wiederbelebung. Aber es war hoffnungslos, Commissario. Wie es aussieht, ist er schon lange tot.« Seine Stimme klang abbittend, beinah als würde der erfolglose Versuch, dem jungen Mann wieder Leben einzuhauchen, die Endgültigkeit seines Todes noch unterstreichen.

»Haben Sie die Leiche durchsucht?«, fragte Brunetti.

»Nein. Als wir sahen, dass wir nichts tun konnten, hielten wir es für das Beste, ihn für den Arzt so liegen zu lassen.«

»Gut, gut«, murmelte Brunetti. Luciani erschauerte, entweder vor Kälte oder in Erkenntnis seines Misserfolgs, und kleine Wassertropfen fielen unter ihm zu Boden.

»Sie beide gehen jetzt nach Hause. Nehmen Sie ein Bad, essen Sie was. Und trinken Sie etwas gegen die Kälte.« Beide Männer lächelten bei diesen Worten, dankbar für den

Vorschlag. »Und nehmen Sie das Boot. Montisi bringt Sie heim. Beide.«

Die Männer bedankten sich und drängten sich durch die Menschentraube, die in den letzten Minuten seit Brunettis Ankunft größer geworden war. Er wandte sich an einen der beiden Uniformierten, die mit ihm gekommen waren. »Drängen Sie die Leute zurück, dann lassen Sie sich Namen und Adressen geben, von allen«, ordnete er an. »Fragen Sie, wann sie hier angekommen sind und ob sie heute Morgen irgendetwas Ungewöhnliches gesehen oder gehört haben. Danach schicken Sie sie nach Hause.« Er verabscheute diese Leichenfledderer, die sich stets an Orten des Todes einfanden, und hatte nie verstanden, welche Faszination der Tod für viele hatte, besonders in seiner gewaltsamen Form.

Er sah sich wieder das Gesicht des jungen Mannes auf dem Boden an, das jetzt Gegenstand so vieler mitleidloser Blicke war. Ein gut aussehender Mann mit kurzem, blondem Haar, das dunkler wirkte durch die Nässe, die eine Pfütze rings um ihn bildete. Seine Augen waren von einem klaren, durchsichtigen Blau, sein Gesicht wirkte symmetrisch, die Nase schmal und wohlgeformt.

Hinter sich hörte Brunetti die Stimmen der Polizisten, die begannen, die Menge zurückzudrängen. Er rief Puccetti zu sich und ignorierte das erneute Salutieren des jungen Mannes. »Puccetti, gehen Sie zu den Häusern da drüben auf der anderen Seite des Kanals, und fragen Sie, ob jemand etwas gehört oder gesehen hat.«

»In welcher Zeit, Commissario?«

Brunetti überlegte kurz und bedachte den Mondstand. Vor zwei Nächten hatten sie Neumond gehabt; die Flut war demnach nicht stark genug gewesen, um die Leiche sehr weit zu tragen. Er würde Montisi danach fragen. Die Hände des Toten waren seltsam runzlig und weiß, ein sicheres Zeichen, dass er lange im Wasser gelegen hatte. Wenn er erst wusste, wie lange der junge Mann schon tot war, würde er es Montisi überlassen auszurechnen, wie weit es ihn abgetrieben haben konnte. Und von woher. Inzwischen musste er Puccetti eine Antwort geben. »Fragen Sie nach der ganzen vergangenen Nacht. Und sperren Sie die Stelle ab. Schicken Sie die Leute nach Hause, wenn möglich.« – Kaum möglich, wie er wusste. Venedig hatte seinen Bürgern wenige Ereignisse dieser Art zu bieten; sie würden nur widerwillig gehen.

Er hörte ein weiteres Boot kommen. Eine zweite weiße Polizeibarkasse bog mit blinkendem Blaulicht in den Kanal ein und hielt an derselben Landestelle, die Montisi benutzt hatte. Auch auf diesem Boot waren drei Uniformierte und ein Mann in Zivil. Wie Sonnenblumen wandten die Gesichter der Menge sich vom Gegenstand ihrer bisherigen Aufmerksamkeit zu den Männern, die aus dem Boot sprangen und auf sie zukamen.

Voran ging Dr. Ettore Rizzardi, der Leichenbeschauer der Stadt. Unberührt von den Blicken, die auf ihm lagen, trat er auf Brunetti zu und streckte freundlich die Hand aus. »*Buon dì*, Guido. Was ist los?«

Brunetti trat zur Seite, sodass Rizzardi sehen konnte, was zu ihren Füßen lag. »Er war im Kanal. Luciani und Rossi haben ihn herausgezogen, aber sie konnten nichts mehr tun. Luciani hat es versucht, aber es war zu spät.«

Rizzardi nickte und grunzte etwas dazu. Die verschrumpelte Haut an den Händen sagte ihm, dass es für jede Hilfe zu spät gewesen war.

»Sieht aus, als ob er lange da drin gelegen hätte, Ettore. Aber Sie können es mir sicher genauer sagen.«

Rizzardi nahm dieses Kompliment nur als recht und billig entgegen und wandte seine Aufmerksamkeit der Leiche zu. Als er sich darüberbeugte, wurde das Zischeln in der Menge noch lebhafter. Er beachtete es nicht, stellte seine Tasche sorgsam auf ein trockenes Fleckchen neben dem Toten und bückte sich.

Brunetti machte kehrt und trat auf die vorderste Reihe der Leute zu, die inzwischen dicht gedrängt standen.

»Wenn Sie Ihre Personalien angegeben haben, können Sie gehen. Es gibt nichts weiter zu sehen. Sie können also ruhig gehen, alle.« Ein alter Mann mit grauem Bart neigte sich energisch nach links, um an Brunetti vorbei sehen zu können, was der Arzt an der Leiche machte. »Ich sagte, Sie können gehen.« Brunetti sprach den Alten direkt an. Der richtete sich auf, warf Brunetti einen völlig abwesenden Blick zu und beugte sich wieder zur Seite, nur am Tun des Arztes interessiert. Eine alte Frau riss ärgerlich an der Leine ihres Terriers, sichtlich in Wut über diesen neuerlichen Beweis polizeilicher Brutalität. Die Uniformierten gingen langsam an der Menge entlang und bewegten sie sanft mit einem Wort oder dem Druck einer Hand gegen eine Schulter zum Gehen. Der Letzte war der alte Mann mit dem Bart, der nur bis zu dem Eisengeländer zurückging, das die Statue von Colleoni umgab, sich dagegenlehnte und sich weigerte, den Campo zu verlassen oder seine Rechte als Bürger preiszugeben.

»Guido, kommen Sie doch mal einen Augenblick her«, rief Rizzardi von hinten.

Brunetti drehte sich um und trat neben den knienden Arzt, der das Hemd des Toten hochgeschoben hatte. Etwa fünfzehn Zentimeter oberhalb der Taille sah Brunetti auf der linken Seite einen horizontalen Strich, an dessen ausgefransten Rändern das Fleisch merkwürdig graublau aussah. Er kniete sich neben Rizzardi in eine kalte Pfütze, um besser sehen zu können. Der Schnitt war etwa so lang wie sein Daumen und klaffte, wahrscheinlich weil die Leiche so lange im Wasser gelegen hatte, seltsam blutlos auseinander.

»Das ist nicht irgendein Tourist, der zu viel getrunken hat und dann in den Kanal gefallen ist, Guido.«

Brunetti nickte in stillschweigender Übereinstimmung. »Was könnte so etwas verursachen?«, fragte er mit einer Kopfbewegung zu der Wunde hin.

»Ein Messer mit breiter Klinge. Und wer immer das getan hat, war entweder sehr gut oder hatte sehr viel Glück.«

»Wie meinen Sie das?«, fragte Brunetti.

»Ich will jetzt nicht allzu viel darin herumstochern, bevor ich ihn nicht aufmachen und mir das genau ansehen kann«, sagte Rizzardi. »Aber wenn der Winkel stimmt, und soweit ich sehen kann, deutet alles darauf hin, dann hatte er einen geraden Weg zum Herzen. Keine Rippen dazwischen, gar nichts. Schon der geringste Schub, das kleinste bisschen Druck, und der andere ist tot.« Rizzardi wiederholte: »Entweder sehr gut, oder sehr viel Glück.«

Brunetti sah nur die Breite der Wunde; er hatte keine Ahnung von dem Verlauf, den sie innerhalb des Körpers nahm. »Hätte es auch etwas anderes sein können? Ich meine, etwas anderes als ein Messer?«

»Ganz sicher kann ich nicht sein, bevor ich mir das innere Gewebe genauer angesehen habe, aber ich glaube nicht.«

»Und Ertrinken? Wenn der Stich sein Herz nicht erreicht hätte, könnte er dann trotzdem ertrunken sein?«

Rizzardi ging in die Hocke, wobei er vorsichtig die Schöße seines Regenmantels zusammenraffte, um ihn vor der Nässe zu bewahren. »Nein, kaum. Wenn das Herz verfehlt wurde, wäre er nicht schwer genug verletzt gewesen, um sich nicht noch selbst aus dem Wasser zu retten. Sehen Sie nur, wie blass er ist. Ich glaube, so ist es passiert: Ein einziger Stich. Und der richtige Winkel. Dann wäre der Tod fast augenblicklich eingetreten.« Er richtete sich auf und sagte: »Armer Teufel.« Von allem, was an diesem Morgen über den jungen Mann gesprochen wurde, kam das wohl einem Totengebet am nächsten. »Ein gut aussehender Junge, und seine Kondition war hervorragend. Ich würde sagen, er war Sportler, oder zumindest jemand, der sehr auf sich achtete.« Er beugte sich wieder über die Leiche und strich mit einer seltsam väterlich anmutenden Geste über die Augen des Toten, um sie zu schließen. Eines wollte nicht zugehen, das andere schloss sich für einen Moment, öffnete sich dann wieder und starrte gen Himmel. Rizzardi murmelte etwas vor sich hin, nahm ein Taschentuch aus seiner Brusttasche und legte es dem jungen Mann übers Gesicht.

»Bedecke sein Antlitz. Er starb jung«, murmelte Brunetti.

»Wie bitte?«

Brunetti zuckte die Achseln. »Ach, nichts. Etwas, was Paola immer sagt.« Er wandte den Blick von dem jungen

Mann ab, betrachtete einen Moment die Fassade der Basilika und ließ ihre Symmetrie beruhigend auf sich einwirken. »Wann können Sie mir Genaueres sagen, Ettore?«

Rizzardi warf einen kurzen Blick auf seine Armbanduhr. »Wenn Ihre Leute ihn gleich zur Friedhofsinsel rausbringen, kann ich ihn mir heute Vormittag noch vornehmen. Rufen Sie mich nach dem Mittagessen an, dann weiß ich mehr. Aber ich glaube nicht, dass es Zweifel gibt, Guido.« Der Arzt zögerte etwas, dann fragte er: »Sehen Sie nicht seine Taschen durch?«

Auch wenn er das in seinem Beruf schon viele Male getan hatte, widerstrebte Brunetti dieses allererste Eindringen in die Intimsphäre eines Toten immer noch, diese erste schreckliche Machtausübung des Staates gegenüber denen, die dahingegangen waren. Er hasste es, in ihren Tagebüchern und Schubladen herumstöbern, ihre Briefe durchlesen und ihre Kleidung befingern zu müssen.

Aber da sich die Leiche ohnehin nicht mehr am Fundort befand, bestand kein Grund, sie unberührt zu lassen, bis der Fotograf die genaue Lage beim Tod festgehalten hätte. Er hockte sich neben den jungen Mann und schob seine Hand in dessen Hosentasche. Er fand ein paar Münzen und legte sie neben ihn. In der anderen Tasche war ein einfacher Metallring mit vier Schlüsseln. Unaufgefordert beugte Rizzardi sich herunter und half, den Toten auf die Seite zu drehen, damit Brunetti in die Gesäßtaschen fassen konnte. In einer steckte ein durchnässtes gelbes Stück Papier, eindeutig eine Fahrkarte, in der anderen eine Papierserviette, ebenso durchweicht. Er nickte Rizzardi zu, und sie ließen den Körper auf den Boden zurückgleiten.

Brunetti hob eine der Münzen auf und hielt sie dem Arzt hin.

»Was ist das?«, wollte Rizzardi wissen.

»Amerikanisches Geld. Fünfundzwanzig Cents.« In Venedig ein seltsamer Fund in der Tasche eines Toten.

»Ah, das könnte es sein«, meinte der Arzt. »Ein Amerikaner.«

»Was?«

»Warum er in so guter Verfassung ist«, antwortete Rizzardi, ohne sich der traurigen Ungereimtheit der Gegenwartsform bewusst zu sein. »Das könnte die Erklärung sein. Die sind immer so fit, so gesund.« Gemeinsam sahen sie den Körper an, die schmale Taille unter dem noch immer offenen Hemd.

»Wenn er Amerikaner ist, erkenne ich es an den Zähnen«, sagte Rizzardi.

»Wieso?«

»An der zahnärztlichen Arbeit. Sie benutzen andere Techniken, besseres Material. Wenn an den Zähnen etwas gemacht worden ist, kann ich Ihnen heute Nachmittag sagen, ob er Amerikaner ist.«

Wäre er nicht Brunetti gewesen, er hätte Rizzardi vielleicht gebeten, sofort nachzusehen, aber er sah keinen Grund zur Eile und wollte auch dieses junge Gesicht nicht noch einmal stören. »Danke, Ettore. Ich schicke einen Fotografen zu Ihnen hinaus, um ein paar Aufnahmen zu machen. Ob Sie wohl seine Augen schließen können?«

»Aber sicher. Ich sorge dafür, daß er so natürlich aussieht wie möglich. Aber für die Fotos wollen Sie die Augen doch wohl offen haben, oder?«

Um ein Haar hätte Brunetti gesagt, er wolle diese Augen nie wieder offen sehen, aber er hielt sich zurück und sagte stattdessen: »Ja, ja natürlich.«

»Und schicken Sie jemanden für die Fingerabdrücke, Guido.«

»Ja.«

»Gut. Dann rufen Sie mich gegen drei Uhr an.« Sie gaben sich kurz die Hand, und Dr. Rizzardi nahm seine Tasche vom Boden. Ohne sich zu verabschieden, ging er über den Platz auf das riesige, offene Portal des Krankenhauses zu, zwei Stunden zu früh bei der Arbeit.

Während sie die Leiche inspiziert hatten, waren weitere Polizisten gekommen, es mussten inzwischen acht sein, die jetzt in etwa drei Meter Entfernung den Toten in einem Halbkreis abriegelten. »Sergente Vianello«, rief Brunetti, und einer von ihnen trat aus der Reihe und kam zu ihm.

»Nehmen Sie zwei Ihrer Leute, bringen Sie ihn zum Boot, und schaffen Sie ihn nach San Michele hinüber.«

Während das geschah, nahm Brunetti seine Betrachtung der Basilika wieder auf und ließ den Blick über die hochragenden Türmchen gleiten. Dann schaute er über den Campo zur Statue von Colleoni hinüber, die vielleicht Zeuge des Verbrechens gewesen war.

Vianello trat zu ihm. »Ich habe ihn nach San Michele bringen lassen, Commissario. Noch etwas?«

»Ja. Gibt es hier in der Nähe eine Bar?«

»Da drüben, Commissario, hinter der Statue. Sie macht um sechs Uhr auf.«

»Gut. Ich brauche einen Kaffee.« Während sie zu der Bar hinübergingen, begann Brunetti, Anordnungen zu geben.

»Wir brauchen Taucher, zwei. Sie sollen da anfangen, wo die Leiche gefunden wurde. Ich möchte alles haben, was wie eine Waffe aussieht: ein Messer, Klinge etwa zwei Zentimeter breit. Aber es kann auch etwas anderes gewesen sein, sogar ein einfaches Stück Metall. Lassen Sie also alles herausholen, was eine derartige Wunde verursacht haben könnte. Werkzeug, alles.«

»Ja, Commissario«, sagte Vianello, während er im Gehen versuchte, sich alles zu notieren.

»Dottor Rizzardi teilt uns heute Nachmittag den Zeitpunkt des Todes mit. Sobald wir den haben, möchte ich mit Montisi sprechen.«

»Wegen der Gezeiten, Commissario?«, fragte Vianello, der gleich verstand.

»Ja. Und fangen Sie schon mal an, sich bei den Hotels zu erkundigen. Ob jemand vermisst wird, besonders Amerikaner.« Er wusste, dass die Männer das nicht gern machten, diese endlosen Anrufe in den Hotels, deren bei der Polizei aufliegende Liste Seiten umfasste. Und nach den Hotels kamen die Pensionen und Gästehäuser, noch mehr Seiten voller Namen und Telefonnummern.

Die dumpfige Wärme der Bar war tröstlich und vertraut, wie auch der Geruch nach Kaffee und Gebäck. Ein Mann und eine Frau standen am Tresen, warfen einen Blick auf den Uniformierten und wandten sich wieder ihrem Gespräch zu. Brunetti bestellte einen Espresso, Vianello einen *caffè corretto*, schwarzen Kaffee mit einem kräftigen Schuss Grappa. Als der Barmann die Tassen vor sie hinstellte, tat sich jeder der beiden zwei Stück Zucker hinein und nahm die warme Tasse einen Augenblick zwischen die Hände.

Vianello trank seinen Kaffee mit einem Schluck, stellte die Tasse auf den Tresen zurück und fragte: »Noch etwas, Commissario?«

»Erkundigen Sie sich nach der Drogenszene in der Umgebung. Wer wo dealt. Stellen Sie fest, ob in der Gegend schon jemand im Zusammenhang mit Drogen oder Straßenkriminalität polizeilich aufgefallen ist: Dealen, Fixen, Klauen, alles. Und bringen Sie in Erfahrung, wo die zum Drücken hingehen, in welche dieser Calli, die als Sackgassen am Kanal enden; ob es eine Stelle gibt, wo morgens Spritzen herumliegen.«

»Glauben Sie, dass es um Drogen geht, Commissario?«

Brunetti trank seinen Espresso aus und bedeutete dem Barmann, ihm einen zweiten zu bringen. Ohne die Antwort abzuwarten, schüttelte Vianello rasch verneinend den Kopf, aber Brunetti sagte: »Ich weiß nicht, möglich wäre es. Überprüfen wir das also als Erstes.«

Vianello nickte und schrieb in sein Notizbuch, bevor er es in die Brusttasche steckte und nach seinem Portemonnaie griff.

»Nein, nein«, meinte Brunetti. »Das übernehme ich. Gehen Sie zum Boot und rufen Sie wegen der Taucher an. Und lassen Sie Ihre Leute Sperren aufstellen. Die Zugänge zum Kanal müssen abgesperrt werden, solange die Taucher arbeiten.«

Vianello bedankte sich mit einem Kopfnicken für den Kaffee und ging. Durch die beschlagenen Fenster der Bar sah Brunetti dem Treiben auf dem Campo draußen zu. Er beobachtete, wie die Leute von der Hauptbrücke kamen, die zum Krankenhaus führte, die Polizei zu ihrer Rechten sahen und dann die Umstehenden fragten, was los sei. Die meisten blieben stehen und schauten von den dunkel Uniformierten, die immer noch herumliefen, zu der Polizeibarkasse, die am Rand des Kanals schaukelte. Dann, nachdem sie absolut nichts Besonderes feststellen konnten, gingen sie weiter ihren Beschäftigungen nach. Der alte Mann lehnte immer noch an dem eisernen Geländer. Selbst nach all den Jahren Polizeiarbeit konnte Brunetti nicht verstehen, wie Menschen sich so willig in die Nähe des Todes ihrer Artgenossen begaben. Es war ein Rätsel, das er nie hatte lösen können, diese schreckliche Faszination der Endlichkeit des Lebens, besonders wenn sie gewaltsam war wie hier.

Er wandte sich wieder seinem zweiten Espresso zu und trank ihn rasch. »Wie viel?«, fragte er.

»Fünftausend Lire.«

Brunetti zahlte mit einem Zehner und wartete auf sein Wechselgeld. Als der Barmann es ihm reichte, fragte er: »Etwas Schlimmes?«

»Ja, etwas Schlimmes«, antwortete Brunetti. »Etwas sehr Schlimmes.«

Via A. Manuzio

Ennio überquert den Campo S. Giovanni e Paolo, dreht sich immer wieder nach Rita um, treibt sie an. Sie stöckelt schweigsam hinter ihm her, geht, als wäre sie es nicht gewohnt, Absätze zu tragen: bei jedem Schritt knikken die Knie ein, das Becken kippt nach vorne, gleichzeitig fällt der Oberkörper nach hinten, um durch Gewichtsverlagerung ein Nachvornesinken auszugleichen. Sie balanciert, gerät ins Stolpern, als sie nach den Fondamenta Dandolo eine kleine Brücke erreichen, unter ihnen das schmutzig-trübe Wasser. Warum gehe ich hinter ihm her, fragt sich Rita, er ist nicht betrunken genug. Mein schlechtes Gewissen schüchtert mich ein. Wenn ich Angst habe, ist das Glück immer woanders oder es kehrt dorthin zurück, wo ich lange Zeit mein Unglück vermutete. Ich könnte die Koffer packen, dem Wasser den Rücken kehren. Seine Mutter fände sich bestätigt.

Vor dem Fahrkartenschalter an der Anlegestelle Rialto steht eine Schlange wartender Japaner. Rita macht sich einen Spaß daraus, ihnen von hinten kommend in die Kamera zu laufen. Sie stellt sich vor, wie ihr Kopf auf einem Bildschirm in Tokio oder Osaka auftaucht, ein diffuses Braun zwischen weißem Brückenmarmor und Marktgewimmel.

Ohne eine Erklärung zu verlangen, steigt sie hinter Ennio in die 1er Linie, folgt ihm trotz Schwüle in das Innere des Schiffes. Sie unterdrückt ihre Unruhe, indem sie vor jeder Anlegestelle die Zahl derer zu erraten versucht, die das Schiff verlassen werden. Ennio macht bis zur Endstation keine Anstalten auszusteigen.

Auf dem Lido, vor den billig hochgezogenen Sommerhäusern, springt Ennio in ein Taxi, wieder wortlos, wieder den Befehlsblick, der keine Widerrede duldet, auf Rita gerichtet. Via A. Manuzio, sagt er knapp und blättert in einem Werbeprospekt, das er beim Einsteigen vom Rücksitz aufgehoben hatte. Wohin, würde sie ihn am liebsten anschreien, doch weil sie hofft, diese außergewöhnliche Taxifahrt würde alltäglich enden, und ihr Verdacht, er wisse, könnte sich als Irrtum herausstellen, hält sie sich zurück, um seinen Argwohn nicht durch Ungeduld zu bestätigen.

Aldo, erinnert sie sich den weißen Punkten folgend, hat das vorletzte Mal von den verschiedenen Möwen gesprochen, von den Lach-, Fisch- und Speckmöwen, doch die Unterschiede hat sie aus dem Gedächtnis verloren, stattdessen muß sie an Ennio denken: Als Kind ist er zum Möwenauffädeln aufs Meer hinausgefahren. Er und seine Freunde haben Fischgedärme an Anglerhaken befestigt und ausgeworfen, haben gewartet, bis die Möwen anbissen, um dann den Motor zu starten und loszubrausen. Durch den abrupten Start hätten sich die Meervögel an den Haken aufgespießt, seien aus dem Wasser gezogen worden und am Ende mit steigender Geschwindigkeit immer höher über dem Boot geflattert. Die Möwen hätten an den Schnüren so hoch über ihnen wie lebende Luftballons ausgesehen und seien dann bei abgestelltem Motor mit blutigen Schnäbeln wieder zurück ins Meer gesunken.

Was will er in der Via A. Manuzio, fragt sie sich und mustert ihn von der Seite. Ennio hat das Prospekt zusammengelegt, dreht es zwischen den Fingern hin und her. An seinem Gesicht ist nichts abzulesen. Als hinter den Häusern von S. Nicolò die hohen Bäume des jüdischen Friedhofs auftauchen, befiehlt er dem Taxifahrer anzuhalten und zu warten. Rita geht um das Heck herum, bleibt hinter dem Kofferraum stehen. Erklär mir, setzt sie an, doch Ennio holt aus, schlägt ihr die Hand mitten ins Gesicht. Sie weicht zurück, stolpert, kippt aus den Schuhen. Nichts werde ich dir erklären. Dort, und er zeigt mit der Hand auf Aldos Haus, ist dein Platz; bleib', wo du hingehörst.

Noch bevor Rita den Mund aufmachen kann, hört sie, wie die Wagentür ins Schloß fällt, der Standgassummton in lautes Brummen übergeht. Mit einem Auge sieht sie die Motorhaube auf die Fahrspur einbiegen, das andere sucht bereits erschrocken und beschämt nach etwaigen Zeugen. Gesehen hat sie niemand. Hinter dem nächsten Gartenzaun läuft ein Hund auf und ab, ohne zu bellen. Die meisten Rollos hat man zum Schutz gegen die Nachmittagshitze heruntergelassen.

Rita biegt in die Straße ein, geht, die Lagune im Rücken, den Kanal entlang zum offenen Meer.

Wenig später sitzt sie auf der Höhe des Krankenhauses am Strand. Sie zieht die Schuhe aus, streift den Ring vom Finger und legt ihn in den Münzbeutel.

Als Onkel Viktor abends nicht nach Hause kam, hat Tante Anna gestrickt. Sie hat geschwiegen und gestrickt.

Sie hat alles, was sie nicht aus sich herausbrachte, nicht aus sich herausbringen durfte, in ihre Töchter hineingestrickt. Jahrelang saßen sie zu den Essenszeiten auf der Eckbank zwischen halbfertigen Ärmeln, Vorder- und Rückenteilen. Jahrelang hat sie über Onkel Viktors Fremdgehen hinweggesehen, hat halblaut die Maschen gezählt, eine glatte, eine verkehrte und wieder eine glatte, eine verkehrte, um nicht die Frauen zählen zu müssen. Sie hat ihnen die melierte Wolle über Arme und Beine gezogen, als stünde ihre Haut stellvertretend für die Haut ihrer Gegenspielerinnen. Sie hat nie geantwortet, wenn sie wissen wollten. Und sie gaben sich mit den Mutmaßungen, mit dem Wahrscheinlichen zufrieden.

Als ich das letzte Mal oben war, grünten die Wiesen und die Dächer hingen in der Verlängerung der Schatten in die Häuser. Die aufgetürmten Erdhügel waren noch zu verteilen, auszustreuen auf den Feldern zwischen Strommasten und vereinzelt dastehenden, immer noch dürren Bäumen.

Rita hält ein Papiertaschentuch in der Hand, beißt die Ecken ab und kaut so lange am weichen Papierknäuel herum, bis sie ihn als harte Kugel ins Meer spucken kann. Sie sieht, wie sich die Flut allmählich zurückzieht, der Schlick im Watt versinkt. Dann stellt sie sich knöcheltief ins schwappende Wasser und fischt mit der großen Zehe Muschelschalen heraus.

In Paris strichen wir uns die Schokolade der Eclairs auf den Bauch, schleckten sie wieder herunter. Lange Zeit hielt mich, was längst unmöglich geworden war; so leicht läßt sich die Hoffnung auf Wiederholung mit Liebe verwechseln. Ich will ein Sieb in meinem Kopf und Gras, überall Gras statt des Wassers.

Ein Kind schleift einen Klappstuhl durch den Sand, sucht mit den Augen seine Eltern, um herauszubekommen, ob sie dieses Spiel gutheißen. Begleitet von den Rufen der Mutter stapft Rita zur Toilette. In Grätschstellung, ohne sich auf die Brille zu setzen, hört sie, wie das Wasser aus ihr herausrinnt, erst tröpfelnd, dann in einem kräftigen Strahl, der schlecht gezielt vom Beckenrand an ihr hochspritzt, was sie spätestens, als sie merkt, daß das Papier fehlt, wütend macht. Fluchend stößt sie bei Verlassen des WCs gleich zweimal mit dem Fuß gegen die Tür und zieht den verdutzten Blick eines Liegestuhlherrn auf sich. Zwischen den Kabinen dreht sie sich noch einmal zum Wasser, zum Meer- und Himmelblau, dieses Mal ohne Horizontlinie, als stülpe sich das Meer in einer Riesenwelle über die Erde.

Am Anfang, denkt Rita, hatte ich noch den Wunsch zu fliehen, weil ich dann hoffen konnte, er würde mich vermissen, er würde nach mir suchen lassen. Indem ich fortginge, so glaubte ich, würde ich ihn ernüchtern; ein Sehnsüchtiger sei gezwungen, ins Leben zurückzukehren. Ennio kehrte nicht zurück, war nicht mehr da, nur die Spuren von ihm an den Dingen: aus dem Mülleimer schauten die Flaschenhälse heraus, Brotkrumen lagen auf dem Tisch, Zigarettenstummel neben dem Aschenbecher. Er verfehlte die Türklinke, wenn er ins Bad wollte, beschmierte sich das Hemd beim Essen. Einmal fiel er vornüber auf den Steinboden des Korridors. Ich schämte mich, in der Metzgerei gegenüber Hilfe zu holen und setzte mich auf einen Stuhl an sein Kopfende, bis er wieder aufstand, auf allen Vieren zur Garderobe kroch, um sich an ihr hochzuziehen. Ohne Mitleid stierte ich auf den Brustkorb, der sich gleichmäßig hob und senkte, wünschte ihn ins Wasser oder erschlagen auf dem von Schleim und Fischkadavern übersäten Steinboden am Fischmarkt.

Er stand immer wieder auf, stolperte durch die Wohnung, beladen mit Vorwürfen und zornig keuchend, daß ich an seiner Misere schuld sei, weil ich mich weigerte, am Stand zu stehen, Fische auszunehmen, sie mit der Säge zu zerkleinern. Es wollte eben kein Kind kommen, und je länger keins kam, desto mehr hängte er sich an die Flasche, hält er an seinen Fischen fest, schöpft aus dem Meer, um dann auf dem Markt zu schreien, aus seiner nicht fortgesetzten Existenz heraus in die Frauen hinein, ihren Bäuchen zu. Dort schreit er noch immer, um das Geschöpfte loszuwerden, um sich fortzupflanzen mit seinen Meerspinnen und Teufelsschwänzen in den Leibern der anderen.

Mit den Jahren und den Litern verlor er seine Redegewandtheit, die ich so sehr an ihm liebte, sprach nicht mehr pausenlos, gleichgültig von wem, gleichgültig worüber, trampelte langsamer, bis er gänzlich stillhielt und nur noch in klaren Momenten von sich erzählte, vom Verkauf, der zurückgegangen war, von der Mutter, die er schon seit Jahren sterben ließ, die er trotz seiner überschwenglichen Liebe gerne auf die Toteninsel brächte, weil er vor ihr Haltung bewahren mußte, was ihm während der sonntäglichen Zusammenkünfte immer schwerer fiel. Haltung bewahrte er auch vor Anton, wenn dieser aus Wien zu Besuch kam und zum Essen statt des Malbech Wasser auf den Tisch stellte, absichtlich, um ihn in Unruhe zu versetzen und aus dem

Haus zu jagen. Dann lief er unter dem Vorwand, er müsse zu einem Kunden, die Calle Barbaria de le Tole hinauf, geradewegs in die Osteria al Balon, stürzte an der Theke ein erstes Glas Wein hinunter und setzte sich anschließend an einen der Tische, an denen den ganzen Tag über Karten gespielt wird. Vielleicht sitzt er jetzt dort, zwischen den Alten, die täglich aus dem Heim herüberkommen, nur mehr die Gasse überqueren, um in ihrem Stammlokal je nach Verfassung als Laufburschen, Hilfskellner oder Spieler ihre letzten Jahre zuzubringen.

Rita wechselt die Straßenseite, kreuzt die Kellner, die wie jeden Abend vor den Restaurants auf und ab gehen oder breitbeinig, die Hände auf dem Rücken verschränkt, vor den Vitrinen stehen, um touristische Strandgänger abzufangen.

Ennio wird mich erwarten, denkt Rita. Er wird in der Küche sitzen und Kaffee mit Schnaps trinken, um nicht einzuschlafen. Er wird einen Zahnstocher ins Tischtuch stechen, wird aufstehen und zum Fenster gehen, ohne einen Blick nach draußen zu werfen. Oder sie bringen ihn mir. Die Übriggebliebenen und weniger Betrunkenen tragen ihn mir nach Hause, klopfen seine Jacke aus, reden ihm zu. Die Übriggebliebenen schieben ihn mir durch die Tür und torkeln müde heimwärts.

Zwing' mich jetzt nicht zu sprechen, sagt Rita zu Anton, stell' mir keine Fragen, was gibt es noch zu erzählen, was du nicht schon wüßtest. Hinter meinem Rücken pfeift ein Mann und wartet darauf, daß ich den Hörer auflege. Es war doch alles ein dem Endezudenken, es war ein Endeherbeidenken, und die Kränkungen und Versäumnisse führten bereits über das Ende hinaus.

Vorgestern sei sie ein letztes Mal zum Stand gegangen und habe Ennio eine Liste von Bestellungen vorbeigebracht, ein letztes Mal, wiederholt Rita, nun würde ihr das alles erspart bleiben: kein Marktgeschrei mehr, keine Arme, die immerzu in ruckartigen Bewegungen Fische auf die Waage warfen, keine in die Metallschalen klatschenden Fischleiber. Sie werde endlich Zeitungen kaufen, sie lesen und anschließend wegschmeißen können, ohne daran denken zu müssen, wieviel Kilo Seezungen und Miesmuscheln sich darin hätten einpacken lassen. Stell' dir vor, bis zuletzt weigerte er sich, wasserdichtes Verpackungsmaterial anzuschaffen, bis zuletzt näßte das Meeresgetier die Zeitungsseiten, stießen Flossen, Schwänze und Mäuler durch das aufgeweichte Papier.

Was machst du jetzt? Hörst du mich? Ein vorbeifahrender Lastwagen verschluckt Antons Antwort. Der wartende Mann steigt von einem Fuß zum andern. Um diese Zeit, sagt Rita, kommen die Soldaten aus den Kasernen hierher und besetzen sämtliche Apparate. Je frustrierender ihre Tage, desto heißer ihr Liebesgeflüster, desto lauter ihre Forderungen nach Treuegelöbnissen. Nach dem Anruf revanchieren sie sich bei ihren Freundinnen für ihr Mißtrauen, indem sie sich in einen Pornofilm setzen oder zu den Prostituierten nach Mestre fahren.

Erzähl' Vater nichts, sagt Rita, erzähl' ihm nicht, daß ich nach Wien komme. Ich gönn' ihm die Genugtuung nicht, ich gönn' ihm nicht, daß eintrifft, was er mir hinterhergeschrien hat.

Auf dem Granviale stauen sich die Autos, wie auf Befehl pflanzen sich die Bremslichter rückwärts fort, erlöschen, leuchten auf. Kurz vor der Anlegestelle bleibt Rita noch einmal stehen und schaut zurück. Hier, auf der Autoinsel, abseits von den wasserumspülten Palästen, suchte sie vom ersten Tag an das Gewöhnliche, lief zwischen den Einfamilienhäusern herum und wurde erst ruhig, wenn sie jemanden entdeckte, der in seinem Garten den Kies harkte oder Rosenstöcke stutzte.

Wenig später, auf dem Deck des Schiffes, sind es die fernen Lichtpunkte der Riva degli Schiavoni, die durch den stärkeren Seegang auf und ab springen. Aus der Nähe sehen die Laternen – drei zu einem Dreieck angeordnete Lampen – wie startbereite Lokomotiven aus. Im Winter, erinnert sich Rita, bin ich zum Strand gefahren, weil die Muschelsplitter unter den Sohlen knirschen wie hartgefrorener Schnee. Von den Jahreszeiten ist hier nichts zu bemerken, nur Sommer und Winter sind spürbar als schwüle Hitze und feuchte Kälte. Die Zwischenzeiten sind ein Privileg der ummauerten Palastgärten; außerhalb begnügt man sich mit Orchideen in Plastikschachteln, mit einer Hand voll Grabblumen an den Ständen gegenüber von San Michele.

Rita sucht Gesichter und denkt an Aldo: wie er die Osteria verließ, wortlos und zufrieden, als wäre er nur dort gewesen, um etwas zu holen, Gläser für ein Fest zum Beispiel oder ein paar Flaschen Wein; wie er beim Hinausgehen einen Buranello aus dem Glasbehälter fischte, ihn in der Hosentasche verschwinden ließ; wie er vor dem erblindeten Spiegel im hinteren Raum des Lokals die wenigen Haare aus der Stirn strich und schließlich die Mütze aufsetzte. Er sagte lediglich: Gehen wir.

Der Metzger kommt ins Paradies

Hände hoch!«, hat der Ton nun an Schärfe genauso zugenommen wie offenbar auch der Metzger die letzten Stunden an Kilos. Zumindest fühlt es sich so an, denn zu eng ist die Hose, zu eng das Leibchen, zu eng sind die Bronchien. Schwer geht sein Atem, und schwer geht ihm das alles hier in den Kopf. Manchmal bleibt so eine durch den Magen gehende Liebe eben ein wenig hängen, in seinem Fall an den Hüften. Diesbezüglich wird er die nächste Zeit gewaltig abspecken.

»Gibt brave Junge endlich Pfötchen hoch, dann kann ich heraushieven Gesamtpaket aus Liegestuhl. Weil geht nix, ganze Zeit nur herumlungern mit Gesicht drei Tage wie Regenwetter. Is doch alles große Traum. Kannst du endlich wegstrecken Beine!«

Grinsend steht eine pralle, beinah den Badeanzug sprengende Danjela in all ihrer Pracht vor seinem Liegestuhl und drückt ihm eine Spritzpistole an die Nase. Ihrer leicht vorgeneigten Haltung kann allerdings nur der Herr eine Reihe weiter hinten etwas abgewinnen, der Metzger hat zurzeit für derart erfreuliche Aussichten einfach kein Auge: »Drei Tage Regenwetter, genau das, liebe Danjela, klingt nach großem Traum! Ich hab die letzten Nächte in dem weichen Bett maximal zwei Stunden geschlafen, ganz zu schweigen von der zwölfstündigen Bahnfahrt, dafür schwitz ich, seit wir hier sind, und zwar ohne Pause. Keine Ahnung, wo aus meinem Körper die ganze Flüssigkeit noch herkommen soll, wenn das so weitergeht, lös ich mich wahrscheinlich auf.«

Kurz lüftet er sein verblasstes weinrotes Poloshirt, versenkt die Spitze des Zeigefingers in der sich anbietenden Bauchfalte, hebt die Hand, erklärt: »Und überall pickt Sand! Da schau, sogar in meinem Nabel, den man bei mir an und für sich ja gar nicht sieht, also wie um Gottes willen kommt der Sand da überhaupt hinein, kannst du mir das erklären, ich beweg mich doch kaum«, senkt die Hand wieder ab, zupft an seiner hellblau karierten Badehose und setzt, endlich in Fahrt gekommen, fort:

»Und bei aller Liebe: Der Wäsche, die du mir eingepackt hast, bin ich seit einem Vierteljahrhundert entwachsen. Jedes dieser Stücke stammt aus der Lade für die Altkleidersammlung, stimmt's? Ich komm mir vor wie eine Knackwurst!«

»War anders nix möglich, hättest du sonst bemerkt heimliche Packmanöver. Außerdem schmeckt doch herrlich gegrillte Knackwurst. Und warum bitte hast du überhaupt an Leiberl? Brauchst du dich doch nix schämen. Schaust du dich um, quillt hier bei sicher 70 Prozent genauso Hüftspeck über zu engen Hosenbund wie bei dir. So und jetzt kommst du, machen wir Strandspaziergang. Sag ich nur, ist Schießeisen voll geladen!«

Liebevoll, fast ein wenig mitleidig blickt sie ihm entgegen und gibt ihr Bestes, den seit ihrer Ankunft immer offenkundigeren subversiven Kräften mit möglichst guter Laune entgegenzuwirken. Leider vergeblich. Denn all die ihr bis dato präsentierte Mattigkeit ist nichts als noble Zurückhaltung. Und der gehen dank Schlafentzug und Dauertranspiration langsam, aber sicher die Nerven aus.

»Danjela, bitte, ich will bei dieser Affenhitze nicht auch noch kilometerlang durch den brennheißen Sand latschen müssen, von einem Hotelkomplex zum nächsten. Du kennst mich doch!« Und nun kann er nicht mehr anders, nun muss es einfach heraus: »Ich versteh überhaupt nicht, wie du auch nur auf so eine Idee kommen konntest. Und dann überrumpelst du mich, anstatt mir so was zu ersparen?«

Sparen, genau! Hier also ist er gelandet, der schwer renovierungsbedürftige Willibald: in einem ebenfalls schwer renovierungsbedürftigen, innerhalb der Eurozone langsam, aber sicher die Stufen in Richtung Ramschstatus hinabsteigenden Land, dem Königreich aller Restaurateure. Und nicht nur in diesem Fall ist die Ähnlichkeit derer, die ein Land kaputtmachen, zu denen, die es wieder herrichten wollen, frappant, man könnte fast meinen, es wären dieselben.

Dass es allen Ernstes nicht nur funktionstüchtige Hirne gibt, die sich eine schwer nach geistigem Totalschaden anmutende Wortkreation wie »Ramschstatus« überhaupt ausdenken können und damit offiziell ganze Länder samt deren Bewohner versehen, sondern auch noch eine Horde Staatsdiener trotz der tiefschürfenden Lektionen der Menschheitsgeschichte dazu beitragen, diesen abschätzigen Begriff salonfähig zu machen, ist für den Metzger ein höchst besorgniserregender Zustand.

Er brodelt also ganz gewaltig, der europäische Kochtopf. Um diese Hitze zu spüren, muss man sich erst gar nicht in einen Pauschalflieger zwängen und irgendein Ufer des Ägäischen, Balearischen, Tyrrhenischen oder Ligurischen Meeres anpeilen, dazu reicht sie völlig, die Reise an die Adria.

»Du weißt doch, so etwas wie hier ist für mich der reinste Alptraum! Warum keine Stadt besichtigen oder irgendwas Kulturelles?«, setzt der Restaurator fort.

Ungewohnt missmutig ist sein Ton. Ja, er ist sauer, stink-sauer, auf seine Herzdame, auf alle seine Freunde, auf den ein Stück näher gerückten Äquator und auf sich. Das ist eben der Teufelskreis eines Grantlers: Zuerst mag er die andern nicht, dann mag er sich nicht, dann mögen ihn die andern nicht, und diese andern mag er dann erst recht nicht, Ende nie.

Danjela deutet um sich, lächelt, senkt zögernd die Spritz-pistole und reicht ihm versöhnlich die Hand: »Bist du jetzt keine Spielverderber. Komm, gehen wir wenigstens so wie jede andere Urlaubsgast gemütlich in frische Wasser.«

»Frisch!«, wiederholt der Metzger zynisch. »Was bitte soll daran frisch sein?«

Ja, es ist eine wahrlich gutbesuchte Erfrischung, wie er seit seiner Ankunft beobachten darf: Reihenweise erhebt sich ein Urlauber nach dem anderen aus seinem Liegestuhl, watet bis zum Nabel in die Tiefen des Meers, offenbar nicht um diesen von Sandablagerung zu reinigen, schaut ein Weilchen beglückt in der Gegend herum, greift sich dann kurz zwischen die Beine und verlässt es wieder, das Salz-wasser. Von wegen schwimmen oder planschen, pischen gehen die Leut, da ist er überzeugt, der Metzger. Ist ja auch ein gewaltiges Stückchen bis zur nächsten als solche ausgewiesenen Toilettenanlage. Warum also das eine nicht uneingeschränkt mit dem anderen verbinden, all inclusive eben. Keine zehn Pferde bringen ihn hinein in dieses überbevölkerte Gemeinschaftsurinal.

Ein wenig lässt ihm Danjela Djurkovic noch Zeit, bleibt vor ihm stehen, sucht fragend in seinen Augen nach dem liebevollen, dem rettenden Funken Humor, vergeblich.

»Danjela, bitte, ich will einfach nicht, versteh das doch«, erklärt der Metzger schließlich, und es klingt endgültig.

Der Unterschied ist eben lächerlich, nur ein Hauch, ein leichtes Verstärken des zwischen den Zähnen herausgeschnellten Lüftchens, und aus »reisen« wird »reißen«, aus einem in den Urlaub aufgebrochenen Langzeitpärchen werden heimgekehrt zwei getrennte Haushalte.

»Alles klar«, erwidert Danjela mit ernster Miene, die deshalb an Wirkung kaum zu überbieten ist, weil sie mit glasigen Augen einhergeht. Gekränkt und den Tränen nahe, richtet sie sich auf, erklärt: »Lass ich dir also deine Ruhe«, würdigt den so reich Beschenkten keines weiteren Blickes mehr, steuert genau jenes stellenweise handwarme Nass an, weshalb der ganze Aufwand hier betrieben wird, und spaziert im knöchelhohen Wasser den Strand hinunter.

»Ruhe«, flüstert der Metzger in sich hinein: »Wo bitte ist hier Ruhe?«

So weit das Auge reicht, stehen sie, angetreten in Reih und Glied, die vollbesetzten Legionen an Liegestühlen. Wie ein in Schlachtaufstellung befohlenes römisches Heer, bereit, eine anrollende Seemacht aufzuhalten, liegen die

Urlauber geordnet der Adria gegenüber. Gut, von der Gefahr des Ertrinkens jetzt einmal abgesehen, tödliche Bedrohung nähert sich aus dem Mittelmeer mittlerweile keine mehr, außer natürlich man verschluckt beim Schwimmen einen Brocken Plastikmüll.

Von Ruhe kann hier folglich nicht die Rede sein, auch weil es ganze Sippschaften sind, die diese Destination zwecks Urlaubs auserkoren haben.

– Und weil hier alles möglich ist, von Camping bis Wellness, von Substandard bis nobel, und trotzdem jeder denselben Strand und dasselbe Meer bekommt,
– und weil unabhängig von der Behausung im Prinzip herrlich eine Woche lang mit nur einer Hose und zwei Leibchen das Auslangen zu finden ist,
– und weil es hier genau das zu futtern gibt, was die Kinder auch zu Hause auf den Tisch bekommen,
– und weil es hier eine große Sandkiste gibt, in der nicht so wie daheim im Park reihenweise die Hunde ihre Haufen hinterlassen,
– und weil es hier ein großes Planschbecken gibt, das nicht extra erst eingelassen oder bei zu hoher urinbedingter Trübe gewechselt werden muss,
– und weil das hier alles so schön und vor allem so schön mit dem Auto zu erreichen ist,

liegt unter dem einen Schirm zum Beispiel die Familie Neumann und daneben gleich die Familie Kappichler, dann die Familien Becker, Müller und Schmidt, daneben die Familien Stadlbauer, Baumgartner und Maurer, dazwischen vielleicht die Familie Donato, und Ancilotti, dann aber sofort wieder die Familien Botoschek, Wodwarka und Dragowic.

Wer also wissen will, was er mit seinem handflächengroßen Universal-Wörterbuch und den fix ausformulierten Übersetzungen wie »Guten Tag«, »Wie heißen Sie?«, »Wie alt sind Sie?«, »Sind Sie verheiratet?« ausrichten kann, muss sich schon ein paar Kilometer ins Landesinnere begeben, denn innerhalb der Liegestuhlreihen ist die Umgangssprache Deutsch. Ein Kurztrip in die Fremde reicht eben nicht, um den Urlauber zum Sprachakrobaten mutieren zu lassen, außer natürlich die Fremde hört auf Eleonora, Giorgia oder Alessandra.

Wie gesagt, es sind also hauptsächlich Familien, die da ihre bunten Handtücher auf den Liegenstühlen plaziert haben, was bedeutet, aus der Vogelperspektive gleicht der Strand einer gigantischen Werbefläche: Von Hello Kitty bis Barbie, von Schlümpfen bis Marvel Comics, von Dreamworks bis Walt Disney, hier fehlt nichts.

Die Schattenplätze unter den Schirmen sind also fest in Kinderhand, die dazugehörigen Liegen in der Hand halbtot wirkender, großwüchsiger Menschenleiber, die unter Urlaub nicht unbedingt verstehen, paarbeziehungstechnisch später als gewohnt ins Bett zu gehen und dafür noch früher als sonst von der nur so voll Tatendrang strotzenden Brut in den Sonnenaufgang eskortiert zu werden.

Die Eltern eines kleinen, blonden, etwa sieben Jahre alten Jungen zwei Schirme weiter rechts dürfte es am Vorabend jedenfalls bedenklich heftig erwischt haben. Mit »So, Rolf, hier ist dein Spielzeug« entleeren sie zwei große Taschen, versinken in ihren vorreservierten Liegen und sind dann auch dermaßen in sich versunken, da kann sich der kleine Rolf auf den Kopf stellen oder weiß Gott was für Zirkusnummern einfallen lassen. Und das tut er.

Aus dem anfangs stillen Sandspiel wird ein nervöses Gezappel, ein Umkreisen der Eltern, ein burleskes Herumgehopse, eine kleine Leistungsschau an Turnübungen, vergeblich. So schnappt er sich also seine funkelnagelneue Strandmuschel, malträtiert mitleidlos das Karbongestänge, faltet das zum Schutz vor Wind und Sonne dienende Halbzelt ein, lässt es auseinanderschnalzen, katapultiert dabei den Sand in die Luft, auf dass es nur so herabrieselt auf seine brachliegenden Eltern, nur, da wird nicht reagiert. Sein blonder Pagenschnitt baumelt hin und her, sein Gesicht zeigt eine Verbissenheit, als wäre ihm das Biegen der Stangen nicht genug, was zumindest von einem vorbeispazierenden älteren Herrn nicht unbemerkt bleibt: »Die Muschel ist schon offen, du musst sie nicht aufbrechen.«

Also greift er zum in Unmengen vorhandenen Werkzeug. Langweilig werden sollte dem Bengel jedenfalls nicht, in puncto Unterhaltungsmittel hat er ja alles. Nur sind halt Unterhaltungsmittel ohne Unterhaltung nur mehr Mittel, und genau die fehlen ihm, um von den offenbar nicht mittellosen Eltern unterhalten zu werden. Da ist das vergnügte, zwei Schirme weiter rechts vernehmbare »Ela, nein! Weg da, Jole, ich mag keinen Sand essen!« natürlich Salz auf Rolfis Wunden.

Flankiert von zwei entzückenden Prinzessinnen, eine etwa acht, die andere fünf Jahre, kniet ein Vater in einer imaginären Küche und backt Sandkuchen. Lange dauert es nicht, und aus der Konditorei wird ein Bauunternehmen, der Herr Papa zum Wasserträger, und mit dem feuchten Sand werden die ersten kleinen Türmchen errichtet.

Thronfolger Rolf hingegen ist nach wie vor Alleinunterhalter, spickt mittlerweile jede seiner Tätigkeiten mit einem äußerst schrillen, atonalen Singsang – und, zugegeben, es nervt gewaltig, dieses Dokument einer praktizierten »Erziehung zur Freiheit«. Unter Umständen meint diese Freiheit nämlich nicht die Freiheit des Kindes, sondern die Freiheit der Erwachsenen, sprich die dem Kind zugestandene Freiheit als Vorwand für die vom Erwachsenen praktizierte Ignoranz und Bequemlichkeit.

Immerhin sieht der Metzger dem Treiben nun seit geraumer Zeit zu, und alles, was Rolf bisher bewirken konnte, sind das väterliche Zücken eines Tablet-Computers und das mütterliche Zücken eines Buches. Also zückt der Bub seine langstielige Plastikschaufel, buddelt in die Tiefe, und eine Bautätigkeit legt er an den Tag, so schnell gebaut wird ansonsten nur nach Bestechung. Schließlich erklärt er fröhlich: »Papa, setz dich rein!«

Eine Beisetzung also. Und endlich tut sich was. Ohne den Blick zu heben, erklärt der Herr Papa: »Toll hast du das gemacht, Rolfi, ein wirklich tolles Loch ist das! Morgen setz ich mich dann rein, okay!«

Das war's dann mit der Zuwendung, und Rolf verschwindet in seiner Grube. Nur sein Kopf schaut noch heraus. Bis zur Nase hängen ihm die blonden Stirnfransen ins Gesicht, hinter denen er mit großen Augen, als würde er auf seine Abholung warten, hinüber zu Michaela und Jole sieht.

Mittlerweile empfindet er nur noch gewaltig Mitleid, der Metzger – und da ist er nicht der Einzige.

Für eine derartige Offensive, wie sie nun die Dame in ihrem blau-weiß karierten Bikini eine Reihe dahinter an den Tag legt, allerdings fehlt ihm die Courage.

»Rolf? Bua, du hoaßt doch Rolf, oder?«, brüllt sie. »I wüü mi jo net einmischa, abaa willst net rüberschaun zum Zelt vom Kiddyclub, die mochan gonz tolle Dinge, des gfreit di sicha mehra, ois do den Kaschperl zu mocha. Weil bis dass do wer von deine Herrschoften mit dir schpuit, kannst worten, bis d' schworz wirst, des sog i da!«

MARGHERITA GIOVANNI

Die ganze Adria liegt uns zu Füßen

Der babyblaue Motorroller wurde langsamer und langsamer, schließlich hielt die Fahrerin an. Sie konnte das hartnäckige Pochen an ihrer Schulter nicht länger ignorieren.

»Was ist denn?«, fragte sie nach hinten gewandt und klopfte ihrerseits auf die Tankanzeige. Das sah gar nicht gut aus.

»Wir haben uns verfahren, gib es zu.«

Ärgerlich schaute Elke die schmale, asphaltierte Straße rauf und runter, die sich in sanften Kurven dahinzog. Leider führte sie tatsächlich schon seit geraumer Zeit nur noch bergauf, obwohl sie doch runter wollten ans Mittelmeer. Außer ihnen war keine Menschenseele zu sehen, und der letzte Wegweiser, an dem sie sich noch sicher gewesen war, lag ein ordentliches Stück zurück. Ausgerechnet Sonja, die Straßenkarten grundsätzlich verkehrt herum hielt und kein Wort Italienisch konnte, musste sie jetzt mit der Nase auf ihren Fehler stoßen: Irgendwo war sie falsch abgebogen. Dabei hätte sie jeden Eid geschworen, dass auf dem Pfeil, dem sie gefolgt war, sowohl Pesaro als auch Cattolica genannt gewesen waren. Und nun krochen sie einen Hügel hoch, und ihrer heißgeliebten Zündapp ging die Luft aus. Der Sprit genau genommen.

»Kann sein«, sagte Elke leichthin und unterdrückte ein Seufzen. Sie schob die Sonnenbrille hoch und kniff die Augen zusammen. »Du, sieh doch mal dort!« Mit ausgestrecktem Arm deutete sie nach vorn. »Da sind Häuser, du Angsthase! Dort, über den Baumwipfeln. Wirst schon sehen, wir sind hier goldrichtig.« Sie setzte die Brille wieder auf die Nase, ließ sich die Zweifel an der eigenen Aussage nicht anmerken und hielt den Atem an, bis der Motor ihrer Bella wieder tuckerte. Den Spritverbrauch bis Cattolica hatte sie genau, aber knapp kalkuliert – ohne unfreiwilligen Abstecher, wie sie vermutlich gerade einen machten.

Sonja schaute immer noch skeptisch drein und war es auch, einen Kommentar sparte sie sich jedoch und schlang ergeben die Arme um ihre Freundin. Es war Elkes Roller, und es war Elkes Idee gewesen, gemeinsam einen Italienurlaub zu machen. Und obwohl es ihr nicht gefiel, Angsthase genannt zu werden, musste sie sich eingestehen, dass sie einer war. Ohne Elke wäre sie weder hier noch anderswo in den Ferien, sie säße bei ihren Eltern, würde im Haus helfen und im Garten und sich schief ansehen lassen, wenn sie nur mal ins Kino wollte. Doch Elke hatte ihr die richtigen Worte in den Mund gelegt, die sie im heimischen Wohnzimmer brav wieder ausgespuckt hatte. Ihrem Vater war die Zigarette aus dem Gesicht gefallen und hätte um ein Haar ein Loch in sein Feinripphemd gebrannt. Eins von den neuen, war ja klar. Das hätte sie ihm dann ersetzen müssen.

Sonja verdiente ihr eigenes Geld – erbärmlich wenig, auch nach der abgeschlossenen Ausbildung zur Rechtsanwaltsgehilfin – und lieferte davon jeden Monat unaufgefordert ihr Kostgeld ab. Da stand es ihr doch wohl zu, von dem, was sie angespart hatte, ab und zu etwas für sich selbst zu verwenden! Sie war erst dreiundzwanzig, wollte leben, statt ständig an morgen zu denken. Der richtige Mann zum Heiraten würde schon noch kommen. Und einer, der nach der mitgebrachten Aussteuer schielte, konnte ihr sowieso gestohlen bleiben. Sonja wurde es jetzt noch heiß beim Gedanken an das versteinerte Gesicht ihrer Mutter, als sie gewagt hatte, ihre Wünsche auszusprechen. Und bei Elkes erster Berechnung war es ihr sogar regelrecht schwindelig geworden. Doch dann hatte Elke jeden einzelnen Posten geprüft und vor ihren Augen schrumpfen lassen, bis eine auch für Sonja erträgliche Summe übrig geblieben war.

»Wir brauchen kein Reisebüro, keine Zugfahrt, kein feines Hotel. Wer könnte uns besser nach *bella Italia* tragen als meine gute Bella? Mit ihr kommen wir überallhin: Rom, Venedig, Rimini! Die ganze Adria liegt uns zu Füßen.« Sie hatten im Café gesessen, und alle Köpfe waren herumgefahren, als Elke den Zündapp-Werbespruch durch den Raum schmetterte: »Herr sein – frei sein – erfolgreich sein! Wirst sehen, Sonja, das wird fabelhaft!«

Fabelhaft – so war die Fahrt bisher tatsächlich verlaufen. Am Ende des zweiten Reisetages und, wie sie hoffte, kurz vor dem Ziel, nach weit über tausend Kilometern auf dem Sozius, fühlte Sonja sich allerdings auch *fabelhaft* erschöpft. Auf sie wirkte die heiße, staubige Landschaft weniger verlockend als erhofft und die fremdartigen Bäume mit einem Mal düster und unheilvoll. Sie passierten ein einzeln stehendes Gehöft, wo ein Kettenhund anschlug und eine schwarze Katze die Straße von links nach rechts kreuzte. Ein Schaudern kroch über Sonjas erhitzte Haut.

Hastig schloss sie die Augen und öffnete sie erst wieder, als Elke erneut den Motor drosselte und einen Fuß auf den Boden setzte.

Willkommen in Pesaro del Monte piccolo Cattolica. Das Schild am Ortseingang empfing Besucher gleich in mehreren Sprachen und war offensichtlich brandneu. Einzig ein Loch im letzten »o« des Wörtchens *piccolo*, das dadurch eher wie ein »a« aussah, störte den guten Eindruck ein wenig.

»Na bitte, willkommen sind wir schon mal.« Langsam steuerte Elke den Roller durch einen mittelalterlichen Torbogen aus mächtigen Steinen und ruckelte über unebenes Pflaster, vorbei an unverputzten Häusern, an denen Eisenbalkone wie Schwalbennester klebten. Blühende Topfpflanzen drängten sich dicht an dicht, und in den Seitengassen überspannten Wäscheleinen in mehreren Etagen übereinander den Durchgang. Als sie den Dorfplatz mit der Kirche erreichten, begann der Roller leicht asthmatisch zu husten, was Elke an ihre kränkelnde Tante erinnerte, der sie eine Postkarte versprochen hatte. Die Tanknadel stand jetzt deutlich jenseits des Minimums. Um die letzten Tropfen Sprit nicht unnötig zu vergeuden, paddelte Elke mit den Schuhspitzen über die Kopfsteine in den Schatten vor einem Barbier-Laden mit heruntergelassenem Gitter.

»Absteigen«, kommandierte sie.

Um den Brunnen rannte eine Schar barfüßiger Kinder, die sich wechselseitig nass spritzten und neugierig herüberguckten. Zwei fremde Frauen mit Moped, dazu noch eine strohblond, das sah man hier wohl nicht alle Tage.

Schnurstracks hielt Elke auf die Kinder zu.

»Was hast du vor? Wir können doch unsere Sachen nicht einfach hier stehen lassen.« Sonja flitzte ihr nach. »Wir sind in Italien!«, wisperte sie aufgeregt. »Mein Vater sagt, die Italiener klauen alles. Einfach alles, wenn man nicht aufpasst.«

»Dann halt mal schön deinen Schlüpfer unterm Rock fest, Sonjalein.« Elke lachte, als ihre Freundin rot wurde, und lief weiter. Wie oft hatten sie in den vergangenen Wochen gemeinsam von einem Urlaubsflirt mit einem heißblütigen Südländer geträumt? Selbstverständlich im Rahmen dessen, was sich gerade eben noch schickte. Die anderen Träume hatte Elke für sich behalten, aber sie hätte darauf gewettet, dass auch Sonja heimlich an mehr als nur Händchenhalten dachte. »Komm schon, war nur Spaß. Ist das nicht herrlich hier? Genauso habe ich es mir vorgestellt. Das ist alles so … malerisch.« Die Kinder, die Sonne und keine einzige Wolke. Fehlte nur noch eins. »*Scusi*. Wo ist das Meer?« Elke wedelte mit den Armen, während die Kinder sie umringten. »*Il mare?*«

Sonja blieb einige Schritte zurück, schaute nervös zwischen dem Brunnen und dem Roller hin und her, neben dem sich gerade ein Mann an die Wand lehnte. Seine Hose war einen Tick zu weit, Hosenträger hielten sie oben, das Hemd war leicht zerknittert. Es wirkte lässig, wie er die Schiebermütze am Schild in den Nacken rückte. Er war jung, kaum älter als sie, zwei Jahre vielleicht, so wie Elke. Weiße Zähne, sonnengebräuntes Gesicht, rabenschwarzes Haar. Das erste italienische Lächeln – wenn auch ein schüchternes – traf Sonja wie ein Blitz. Der Himmel wurde blauer, der Blumenduft süßer, und das ganze Dorf versprühte Charme, als habe sich ein Schleier gehoben. Sie blinzelte. So schnell, wie das Gefühl von drohender Gefahr sie beim ersten Anblick der Dächer von Pesaro del Monte piccolo Cattolica überfallen hatte, verflüchtigte es sich auch wieder. Was sollte an diesem wundervollen Ort schon Schlimmes passieren?

Sonja wischte sich eine Strähne hinters Ohr. Egal ob man ihr Haar rehbraun oder brünett nannte, sie fand die Farbe langweilig. Ein wenig neidisch beobachtete sie, wie Elke erst mit den Kindern diskutierte, dann auf den Hübschen zusteuerte und ihn in ein Gespräch verwickelte. Seine weiche tiefe Stimme entschädigte Sonja dafür, dass sie ihn nicht verstand.

»Zum Meer geht es da lang«, verkündete Elke schließlich. »Stell dir vor: Es gibt sogar einen richtigen Strand! Aber er meint, der Weg ist zu schlecht, um mit dem Gepäck auf dem Roller runterzufahren. Wir sollten besser zu Fuß gehen.« Die hinter der Sitzbank festgezurrten Köfferchen waren zum Platzen voll. Gut möglich, dass ein weiteres Schlagloch zu viel für sie sein würde. Grübelnd verzog Elke die Lippen, dann zuckte sie mit den Schultern. »Ach, was soll's? Ich will trotzdem dort hin. Jetzt sofort. Ich frag ihn, ob er aufpasst.«

Und das machte sie, ehe Sonja Einwand erheben konnte. »Ich verspreche, dass wir nicht lange bleiben werden. Und selbstverständlich bezahle ich Sie dafür.« Auch Elke war nicht entgangen, dass der junge Mann offenbar die Kleider eines anderen auftrug.

»Sì, Signorina. Niemand fasst etwas an.«

Dichte Wimpern umrahmten seine schönen Augen, die die meiste Zeit zu Boden gerichtet waren. Nun aber schaute er hoch und legte zur Bekräftigung die Hand aufs Herz. »Das schwöre ich.«

»*Mille grazie!*« Elke klatschte in die Hände und trieb Sonja zur Eile. »Lass uns loslaufen, bevor er es sich anders überlegt.«

»*Mille grazie* heißt danke?«, fragte Sonja, nachdem sie einige Meter gegangen waren.

»Vielen Dank«, präzisierte Elke. »Streng genommen sogar: tausend Dank.«

Ehe sie den Platz verließen, drehte Sonja sich noch einmal um. Die Kinder hatten ihr Spiel am Brunnen wieder aufgenommen. Von der Kirche konnte sie nur das Portal und die Turmspitze sehen, den Mittelteil verdeckten in Doppelreihe stehende Platanen. In deren Schatten saßen alte Männer an einer Bocciabahn, und aus der Trattoria an der Ecke drang leise Musik. Der hübsche Bursche lehnte wieder an der Wand neben dem Schaufenster des Barbiers. Die Schiebermütze hatte er abgenommen, wilde Locken fielen ihm in die Stirn. Verwegen sah er aus, wie ein Freibeuter, und natürlich wagte Sonja sich doch nicht, ihm auf Italienisch danke zuzurufen.

Noch war es heller Tag, obgleich die Sonne sich schon zum Horizont neigte und länger werdende Schatten übers Pflaster breitete. Die Straßen, in die sie einbogen, wurden immer kleiner. Im Dunkeln konnte man sich hier sicher schnell verlaufen, denn rechte Winkel schien es nicht zu geben. Elke kamen gerade erste Zweifel an der eingeschlagenen Richtung, als sie in einiger Entfernung ein Schild mit verschnörkelter Schrift ausmachte.

»Dort müssen wir entlang!« Sie hatte sich die Beschreibung genau eingeprägt, der zufolge es gleich hinter dem Ristorante Zaccardo bergab gehen sollte. Von der Gasse aus betrachtet, ähnelte das Haus aus mausgrauem Stein einer abweisenden Trutzburg, doch von vorn wirkte es freundlich und einladend. Die etwas über Straßenniveau liegende Terrasse stützte sich auf einen historischen Mauerrest, der so alt sein musste wie das Tor, durch das sie vorhin ins Dorf gefahren waren. Unmittelbar daneben zweigte der beschriebene Weg nach unten ab, die letzte Häuserreihe lag hinter ihnen und nichts mehr davor, was ihren Blick verstellte.

Ihre Entscheidung fiel so schnell, wie einmal mit dem Kopf zu nicken. Sie fiel genau in der Sekunde, als Sonja und Elke zum allerersten Mal in ihrem Leben das Mittelmeer erblickten. Vom unteren Ende des steil abfallenden Hügels, es mochte hundert Meter in die Tiefe gehen, erstreckte es sich bis zum Horizont. Ein hauchfeiner Strich im Übergang von Blau zu Blau, der Wasser und Himmel trennte. Für einen Moment sprachlos tastete Elke nach Sonjas Hand. Zu ihren Füßen raschelte trockenes Gras, über ihnen schrien Möwen, und auf dem leicht gekräuselten Türkis der Adria dümpelten Boote mit weißen Segeln.

»Wir bleiben hier«, sagte Elke. Leise, aber sehr bestimmt. »Wenigstens für eine Nacht. Wir werden schon was finden, wo wir unterkommen.«

Und Sonja nickte.

Nach den ersten zögernden Schritten, bei denen sie noch überlegten, ob es vernünftig war, was sie taten, und ob sie dem Hübschen mit der Schiebermütze wirklich trauen konnten, flogen sie den Hügel geradezu hinunter. Der wilde Lauf zum Strand dauerte keine zehn Minuten. Übermütig kickten sie die Schuhe von ihren Füßen. Sie schauten weder links noch rechts, rannten durch den Sand, quietschend wie die *bambini* vom Dorfplatz, und hinein in die kühlen Wellen, die an ihren Zehen und Knöcheln leckten.

Sie waren am Meer, Ziel erreicht!

Sonja wagte sich weiter und weiter vor, bis erst die Knie, dann die halben Oberschenkel und schließlich der Saum ihrer kurzen Hose nass waren. Die Unterströmung des abfließenden Wassers nahm den Sand unter ihren Sohlen mit, vermittelte ihr eine Ahnung der enormen Kraft, die darin steckte. Instinktiv wich sie zurück.

Elke raffte ihr getupftes Kleid bis zur Hüfte, hielt sich aber von Anfang an näher am Ufer. Von der atemberaubenden Landschaft abgesehen, steckten hinter der Entscheidung zu bleiben auch ganz pragmatische Gründe, die sie jedoch vor Sonja verbarg: Es gab keine Tankstelle im Ort, nur eine Werkstatt, wo man ihnen natürlich aushelfen konnte. Doch die öffnete erst am nächsten Morgen wieder. Zwar hatte der Hübsche ihr angeboten, den Besitzer herauszuklingeln, aber das hatte sie abgelehnt, schließlich war es Sonntagabend und ihr der Spritmangel ohnehin mehr als peinlich. Außerdem fand Elke den Gedanken nicht allzu verlockend, bis in die Dunkelheit hinein weiterzufahren – selbst mit vollem Tank –, um erst in Cattolica nach einer Unterkunft zu suchen. Und ohne nachzutanken drohten sie irgendwo auf der Strecke liegen zu bleiben. Nein danke, auf dieses Abenteuer verzichtete sie lieber.

Sie drehte sich im Kreis, um den Strand zu begutachten. Zwei Sonnenschirme, ein eher improvisiert wirkender Schutz aus in den glitzernden Sand gebohrten Ästen und einem darüber gespannten Tuch und alles in allem nur eine Handvoll Leute, die in der Sonne und im Schatten lagen. Unter einem der Schirme heraus wurden sie von einem älteren Herrn in langer Hose beobachtet, der umständlich eine Tageszeitung faltete. An seiner Seite saß eine Frau mit breitkrempigem Sonnenhut. Etwas weiter entfernt, am Ende der lang gestreckten Bucht, baumelten neben einem umgedrehten Ruderboot Fischernetze zum Trocknen über einer Stange.

»Wo sind denn die Buden, die Lokale, das wilde italienische Strandleben?«, rief Elke verblüfft und gleichermaßen enttäuscht. »Hier ist ja gar nichts!«

Eine Männerstimme lachte laut auf, und von einem der Laken erhob sich ein braungebrannter Hüne in Badehose.

»Scusi, Signorina – bitte verzeihen Sie, dass ich gelacht habe«, sagte er auf Deutsch, während er näher kam. Dort, wo sich der feuchte Sand dunkler färbte, blieb er stehen. »Wenn Ihnen jemand versprochen hat, Sie würden das in Pesaro del Monte piccolo Cattolica finden, hat er sich einen dreisten Scherz mit Ihnen erlaubt. Und wenn ich es so sagen darf: Das ist auch ganz gut so.«

Elke zog die Nase kraus. »Ach ja?«

»Verzeihung!« Er lachte wieder, schüttelte abwehrend die Hände und legte dann eine auf sein Herz. »Das war ungeschickt ausgedrückt. Dass hier das wilde Strandleben fehlt, halte ich für gut. Denn sehen Sie, Signorina – Signorinas« – sein Blick glitt zwischen den beiden Frauen hin und her – »die Schönheit dieses Ortes liegt in der jungfräulichen Unberührtheit. Der steilen Klippe sei Dank kommen nur wenige Touristen. So bleibt die Natur ganz Natur.«

»Aha, also sollten wir Ihrer Meinung nach am besten gleich wieder gehen?« Elke ließ das geraffte Kleid los und zeichnete mit einem Finger die Serpentinen nach, die sie gerade erst heruntergekommen waren. »Über die steile Klippe verschwinden?«

Sonja hielt die Luft an. Vielleicht war es gar keine schlechte Idee zu verschwinden. Ihr war nicht wohl dabei, dass Elke den Fremden so kratzbürstig behandelte. Doch der schien sich darüber zu amüsieren.

»Nein, ganz gewiss nicht!« Sein Schmunzeln reichte von den gekräuselten Lippen über die tiefblauen Augen bis zu den fragenden Falten auf seiner Stirn. »Ich würde es vorziehen, wenn Sie noch ein wenig bleiben, Signorina – Signorinas. Erlauben Sie mir, Ihnen Gesellschaft zu leisten und etwas mehr über diesen Flecken Erde zu erzählen?« Beiläufig tupfte er mit dem Laken ein paar Tropfen von seinem muskulösen Oberkörper.

»Da bin ich aber gespannt.« Elke behielt den ironischen Ton bei. Was konnte es schon über einen Fleck zu erzählen geben, an dem es nichts gab außer Natur? Mit verschränkten Armen wiegte sie sich hin und her. Er war ihr ein bisschen zu alt, vierzig etwa oder sogar leicht drüber, aber trotzdem attraktiv und wirklich gut in Form. »Machen Sie hier Urlaub oder sind Sie ein Einheimischer aus dem Dorf da oben?«

Aus dem Augenwinkel sah sie, dass die Frau mit dem Sonnenhut inzwischen ebenfalls herüberschaute.

»Gott bewahre, nein.« Er lachte. »Weder, noch. Auch wenn es hier schön ist. Meine Heimat ist das Bozener Land, dem nichts auf der Welt gleichkommt. Aber mein Beruf hat mich nach Pesaro del Monte piccolo Cattolica geführt. Ich bin Lehrer, und im Augenblick versuche ich die Sommerferien mit Anstand totzuschlagen. Drei lange Monate bis Mitte September, von denen erst einer vorbei ist.«

»Sie Armer.« Elke schüttelte den Kopf. Drei Monate frei – da wäre ihr Besseres eingefallen, als zu jammern. »Warum sind Sie denn hiergeblieben, statt nach Hause zu fahren?«

»Vorsicht, Elke!«

Die Warnung kam zu spät. Eine hinterhältige Welle klatschte ihr in die Kniekehlen, schwappte hoch bis zu ihrem Hintern. Mit einem kleinen Aufschrei kämpfte sie um Balance.

»Darf ich Ihnen behilflich sein?« Der blauäugige Hüne hielt ihr die ausgestreckte Hand hin. »Genau vor Ihren Füßen liegt ein großer Stein.«

»Danke, aber das schaffe ich schon allein.« Schnippisch reckte Elke das Kinn und stakste demonstrativ ohne seine Hilfe ans Ufer.

»Ich kann Ihnen mein Handtuch anbieten, wenn Sie sich ein wenig abtrocknen möchten.«

Endlich dämmerte es Sonja, was da gerade vor sich ging: Ihre Freundin hatte den ersten Flirt an Land gezogen. Im Grunde wunderte es sie nicht, aber es war noch schneller gegangen als erwartet. Es lag in Elkes Wesen, andere mühelos um den Finger zu wickeln. Allerdings war Sonja sich dieses Mal nicht ganz sicher, wer bei wem angebissen hatte und an der Angel zappelte.

Als der Italiener, der so gar nicht italienisch aussah, auch ihr die Hand reichte, um sie aus den Wellen zu geleiten, griff Sonja zu.

»Kilian Rossi«, stellte er sich vor und hauchte einen Kuss über ihren Handrücken. »Sehr angenehm.«

»Sonja Mauer und Elke Wilk«, antwortete Sonja, wie es sich gehörte. Was für ein Rahmen, um eine so förmliche Bekanntschaft zu machen – ein Mann in Badehose und sie mit feuchten Klamotten, beide mit den Füßen im Mittelmeer. Sie unterdrückte ein Lachen und gönnte sich einen kleinen Augenblick diebischer Freude. Elkes verächtliches Schnauben täuschte sie nicht – deren Ablehnung war keine Frage der Emanzipation, nur reines Kokettieren.

Im zweiten Anlauf nahm Elke das angebotene Handtuch an und trocknete sich die langen Beine, nachdem sie den Rocksaum ausgewrungen hatte. »Danke, Signor Rossi«, sagte sie und drückte ihm das nasse Tuch wieder in die Hand. »Ist das nicht herrlich, Sonja? Ich glaube, ich könnte ewig aufs Meer gucken.«

»Wir sollten trotzdem besser aufbrechen.«

»Wieso so eilig, Signorina Mauer? Sie sind doch gerade mal fünf Minuten hier. Habe ich Sie verärgert? Das täte mir aufrichtig leid.«

»Nein, nein. Wir müssen«, bestätigte Elke widerwillig. Es war vernünftig, sie mussten sich schließlich noch eine Unterkunft suchen, gleichwohl fiel es schwer, sich loszureißen. Dieser erste Strandbesuch war viel zu kurz.

Die Freundinnen streiften den Sand von ihren Füßen und schlüpften in ihre Schuhe.

Rossi fasste sich an die Stirn. »Wie dumm von mir: Sie werden erwartet. Sind Sie mit der Familie im Hotel abgestiegen?«

»Im Gegenteil.« Elke setzte ihm knapp die Lage auseinander, die ihr dabei selbst wieder richtig bewusst wurde. Ihr Lachen schmeckte schal, und insgeheim schickte sie ein Stoßgebet zum Himmel, dass der hilfsbereite Signore mehr als nur ein Handtuch in petto hatte. Sie waren ohne Quartier, müde und hungrig, und all ihre Habseligkeiten – abgesehen vom Schlüssel des Rollers und ihren Papieren – befanden sich in der Obhut eines Fremden. Den konnten sie nicht ewig warten lassen und würden obendrein ein Trinkgeld zahlen müssen, über dessen Höhe sie dummerweise nicht vorher verhandelt hatten.

Signor Rossi ersparte ihnen eine Bemerkung zu ihrer Unvorsichtigkeit. Ihm war bei ihrer Beschreibung sofort klar, wen sie damit betraut hatten, auf den Roller aufzupassen, und er nannte Elke einen Lire-Betrag, den er in diesem Fall für angemessen hielt.

»Betrachten Sie auch Ihr anderes Problem als gelöst.« Kilian Rossi legte sich das Badelaken über die Schultern. »Meine Zimmerwirtin betreibt eine nette, kleine Pension mit einigen Fremdenzimmern. Dort logieren auch die Herrschaften, die da drüben unter dem Sonnenschirm liegen. Deutsche – genau wie Sie. Wenn es recht ist, werde ich Sie begleiten.« Seine Stimmung wurde immer besser. Die vorwitzige Welle, die Signorina Wilk erwischt hatte, hatte ihn zugleich davor bewahrt, auf die Frage nach seinem Zuhause antworten zu müssen. Diesen schönen Tag wollte er sich nicht verderben. Weder mit dem Gedanken, dass er bei seiner Familie unerwünscht war und sich bis auf Weiteres nicht blicken lassen durfte, noch mit dem Warum.

Während Elke auf dem Rückweg von Herzen erleichtert mit Signor Rossi plauderte, strich Sonja mit den Fingern durch blühende Gräser und sparte ihren Atem für den nach zwei Reisetagen doch beschwerlichen Aufstieg zum Dorf. Sie sah Vögel zwischen heidekrautartigen Pflanzen auf Felsen landen und Schmetterlinge, die über sattgelbem Ginster tanzten.

Auf dem Dorfplatz war Ruhe eingekehrt, und die Kinder waren verschwunden. Nur der junge Mann hockte noch brav auf dem Pflaster neben dem Roller und drehte seine Mütze zwischen den Händen. Sonjas Herz schlug einen Takt schneller.

Die Gang der Gelben Sonnenschirme

Der Standort des eigenen Sonnenschirms am Strand ist eine brisante Sache. Während viele, mich eingeschlossen, es doch höchst bedenklich fänden, die nächsten 35 Sommer ihres Lebens neben exakt den gleichen Personen zu verbringen, ist der Italiener ein Philanthrop. Minnie hat seit fast vier Jahrzehnten denselben Sonnenschirm und dieselbe Kabine am Strand: Nummer 84a. Die Nachbarn sind seit etwa der gleichen Zeit dabei. Plätze werden von Generation zu Generation weitergegeben, denn je niedriger die Nummer, desto prestigereicher die Kabine, denn desto näher befindet sie sich am Ortszentrum. Mario (der Steuerberater mit der Harpune) liegt direkt neben uns, und Minnie kennt ihn, da war er noch nicht stubenrein. Die Sonnenschirme stehen je nach Strandbreite sieben bis zehn Reihen tief und wechseln zur besseren Orientierung alle zehn Längsreihen die Farbe. Minnie gehört zur Gang der Gelben Sonnenschirme. Damit sind etwa zwei Dutzend Familien gemeint, die sich diesen Strandabschnitt untertan gemacht haben wie der Clan eines Diktators ein Dritteweltland. Mit großen Kühlboxen wird das Terrain gegen Eindringlinge abgesteckt, dann gehen die Tageszeitungen reihum. Mittags wird ein Stündchen geschlafen, nachmittags rottet man sich unter einem der Schirme zusammen und spielt Karten. Kinder jeglichen Alters und Geschlechts sind hier perfekt aufgehoben, und interessanterweise machen sie offenbar auch die ersten erotischen Erfahrungen innerhalb dieser Gruppe. Abends geht man dann zu einer der Familien essen, jede ist mal dran. Das führt zu einer mitunter anstrengenden sozialen Leistungsschau, und der Einfallsreichste von allen ist Alfredo, der im letzten Jahr nicht nur ein Abendessen, sondern gleich ein ganzes Golfturnier mit anschließendem Hummermenü auf die Beine stellte.

Jedes Jahr im Januar macht die Strandverwaltung für eine Woche ihre Büros auf, so dass Frühbucher für den Sommer ihre Lieblingskabine des Vorjahres erneut reservieren können. Keiner der Gang der Gelben Sonnenschirme musste sich allerdings je anstellen, ich habe nie ganz verstanden, warum. Die meisten anderen reihen sich klaglos in Schlangen enormer Länge ein, um eine möglichst günstige – sprich: nahe dem eigenen Sommerhaus gelegene – Kabinennummer zu ergattern. Selbst ein paar Österreicher kommen extra über verschneite Alpenpässe runtergefahren, um sich einen sorglosen Sommer zu sichern.

Anfang 2005 ereignete sich dann ein diplomatischer Zwischenfall, gegen den sich die Emser Depesche ganz und gar lächerlich ausmachte. Die alten, klapprigen Holzkabinen wurden durch neue klapprige Holzkabinen ersetzt, und durch einen »Fehler im Computersystem« (sprich: ein Versehen eines Mitarbeiters in der Strandverwaltung) stand Minnie trotz ordnungsgemäßer Frühbuchung ohne Kabine 84a da. Kein Problem: Sie ging hin, konzedierte, dass so etwas ja schon mal passieren könne, und bat dann um Kabine 84a. Man entschuldigte sich wortreich, meinte aber, man könne nichts machen, da die Kabine nun schon zumindest drei Wochen lang fest in der Hand von Touristen sei. Geben sie denen eine andere Nummer, ich nehme die 84a, sagte Minnie daraufhin, und so ging es eine Weile hin und her, der Ton wurde lauter und rauer, und man bot Minnie schließlich Kabine 124 an, lockere 300 Meter weit weg vom Geschehen und ihren Sommerfreunden aus Mailand, Venedig, Padua, Bologna und Udine, die über die Jahre hinweg längst eine Teilzeitfamilie geworden waren. Minnie verzweifelte. Also schickte sie Leo hin, ihren Erstgeborenen, einen Mann von Präzision und Geschick. Er argumentierte kühl und sachlich und verwies auf das Recht, eine Kabine, die man die letzten 37 Jahre bewohnt und fürs 38. Jahr korrekt reserviert habe, auch zu bekommen, während sich die Strandverwaltung auf die Kraft des Faktischen berief – die Kabine sei nun einmal futsch. Nächstes Jahr, das könne man immerhin jetzt schon versichern, werde man aufpassen, dass so ein Lapsus nicht wieder passiere.

Am Tag drauf wurde Pepe in die Schlacht geschickt, ein Mann von Charisma und Einfluss. Er ließ sich den Vorgang von der Strandverwaltung erklären und sagte dann: Morgen hat meine Frau Kabine 84a. So verließ er die Büroräume, was durchaus Eindruck machte (schließlich ist er gut mit dem Bürgermeister befreundet), aber unfassbarerweise nichts änderte. Außer, dass man Minnie nun Kabine 102 anbot.

Also beschloss Minnie, eine letzte Attacke zu reiten. Körperliche Gewalt schien für sie eine immer verführerischere Option zu werden. Sie muss aufgetreten sein wie eine Walküre, und an die Szenen, die sich im Büro der Strandverwaltung abgespielt haben, wage ich kaum zu denken. Als sie am Mittag für Laura und mich die Pasta rührte, hatte sie ganz rote Wangen vor Stolz. Sie hatte sich Kabine 84a zurückerobert. Wie um alles in der Welt hatte sie das hingekriegt? Ganz einfach, sagte sie: mit Hilfe ihres deutschen Schwiegersohns.

Das erstaunte mich nun doch. Es muss sich, Minnies Erzählung zufolge, etwa so abgespielt haben: Ihr Schwiegersohn, hat meine Schwiegermutter gewütet, sei der bedeutendste Journalist deutscher Zunge. Mit einem einzigen Nebensatz könne er die Touristenströme gen Grado stoppen. Und genau das werde er tun, wenn die Strandverwaltung nicht sofort die Nummer 84a herausrücke. Also her mit der Kabine, oder spätestens morgen, vielleicht aber noch heute in einer Sonderausgabe, würden die schändlichen Namen aller Mitarbeiter der Strandverwaltung von den Titelseiten aller deutschen und österreichischen Zeitschriften prangen. Grado werde boykottiert, die Mitarbeiter persönlich haftbar gemacht und verklagt, der Ort verarme, die Kindersterblichkeit steige, die Stromversorgung bräche zusammen, das Wasser müsse wieder aus Zisternen gefördert werden, Pest und Cholera erhöben ihre hässlichen Häupter.

Das wirkte. Hätte sie Kabine 84a nicht bekommen – ich hätte dieses Kapitel, wenn nicht sogar dieses Buch, damit verbringen müssen, die Strandverwaltung von Grado zu beschimpfen.

Triest, 12. September 1977

Elisa de Kopfersberg hatte nicht mit hinausfahren wollen an diesem Tag. Schon die Vorstellung, mit ihrem Mann auch nur eine Minute auf dem Motorboot verbringen zu müssen, war für sie außerordentlich unangenehm. Sie würde sich in den Schatten setzen und sich auf ihr Buch zu konzentrieren versuchen, während er mit zusammengekniffenen Lippen und sturem Blick zu einem abgelegenen Ankerplatz vor der Steilküste fuhr. Irgendwann, das wußte sie, durchbräche er das Schweigen und würde ihr erst leise, dann immer lauter Vorwürfe machen.

Elisa traf sich an Sonntagen lieber mit ihren Freundinnen in der »Lanterna«, dem ältesten Adria-Bad Triests, das unter Maria Theresia erbaut worden war und bis heute die Tradition getrennter Abteilungen für Männer und Frauen pflegte. Ihren kleinen Sohn durfte sie noch ins Frauenbad mitnehmen, er war noch nicht ganz sechs Jahre alt. In der »Lanterna« fühlte sie sich geborgen und fand Verständnis bei ihren Begleiterinnen. Natürlich ahnte sie, daß ihr Mann eine Affäre hatte, auch wenn er versuchte, sich nichts anmerken zu lassen. Er steckte in finanziellen Schwierigkeiten und hoffte, daß sie ein weiteres Mal seine Schulden beglich. Doch diesmal blieb Elisa eisern. Diesmal gab es keinen Grund mehr, ihm beizustehen. Als sie ihm seinen

Fehltritt auf den Kopf zusagte, hatte er alles abgestritten. »Und wenn es wirklich so wäre«, hatte er geschrien, »dann solltest du dich nicht darüber wundern. Du hilfst mir nicht und interessierst dich einen Dreck für meine Probleme.« Einmal hatte er sie geschlagen, ein anderes Mal versuchte er es mit Blumen und einem Brillantring, mit Zärtlichkeiten, die ihr zuwider waren und vor denen sie sich in ihrem Zimmer einschloß mit dem weinenden Kind.

Nun war sie also doch wieder weich geworden. Spartaco, ihren Sohn, hatte sie mit den Freundinnen in die »Lanterna« geschickt, weil ihr Mann es so wollte. Sie sollten allein sein, um sich endlich auszusprechen, hatte er gefordert.

Rote Leuchtraketen zogen ihre rauchige Spur in den stahlblauen Mittagshimmel. Ihr Schweif blieb, den Kondensstreifen der Flugzeuge ähnlich, noch lange in der Luft stehen. Der Lärm der Boote der Küstenwache schreckte die Badegäste auf, die sich entlang der Steilküste des Golfes von Triest der Hitze ergeben hatten. Ihre Autos säumten die dreißig Kilometer der Küstenstraße nach Duino, die von Barcola an Miramare vorbeiführte und sich dann durch die Kalkfelsen vor Santa Croce und Aurisina schlängelte.

Es war ein Spätsommertag mit über fünfunddreißig Grad im Schatten, einer sanften Brise der Stärke zwei und einem leicht bewegten Meer. Die Sicht war klar, der Wind hatte seit Tagen alle Wolken vertrieben, und der Dom von Pirano schien am Horizont auf einem glänzenden Lichtstreifen über dem Meer vor der istrischen Halbinsel zu schweben. Im Westen ritten die Inselchen der Lagune von Grado auf von der Sonne gleißenden Wasserschichten. Die Zeitungen sprachen von einem Rekordsommer.

Die Zeit schien angehalten, bis plötzlich in den Bade-anstalten die Lautsprecher zu schnarren begannen und mit verzerrtem Klang die Badegäste aufriefen, schnellstmöglich das Wasser zu verlassen. Schwarze Flaggen signalisierten Gefahr. Haialarm.

Den ganzen Sommer über war es ruhig geblieben, im Gegensatz zu den Vorjahren hatte der »Piccolo«, die Tages-zeitung von Stadt und Region, monatelang nicht von Haien berichtet. Die Tiere verirrten sich in dieser Jahreszeit nur selten in den warmen Golf, sie zogen kältere Gewässer vor.

Für den »Piccolo« waren sie ein gefundenes Fressen in den Sommermonaten. Man berichtete von Haien, die ebenso Thunfische oder Delphine sein konnten, vor allem aber mehr als vierzig Meilen südlich gesichtet wurden, vor Istrien, am Quarnero, der kroatischen Küste bei Fiume, bei Abbazzia und Pola, wo das Meer tiefer und kühler ist. Bevor einer nach Norden durchkam, verfing er sich eher in den Schleppnetzen der Fischkutter, um dort qualvoll zu verenden, oder wurde von den aufgeregten Fischern erlegt, die bereits Ausrüstung und Fang ruiniert sahen. Doch wenn tatsächlich einmal ein richtiger Hai die Ufer der nördlichen Adria unsicher machte, dann war was los. Schiffe der Kü-stenwache fuhren hinaus, auf denen die Besatzungen am Bug der Boote standen und die Wasseroberfläche nach der verdächtigen Rückenflosse absuchten. Der »Piccolo« aber mußte meist auf Archivfotos zurückgreifen. Zu selten hatte die Jagd Erfolg. Triest war eine beinah haifreie Zone.

Auch an diesem Sonntag im September 1977 liefen die Schiffe der Capitaneria aus. Sie machten sich aber noch nicht auf die Jagd, sondern sollten eilig die Badenden entlang der Küste warnen. Mit den städtischen Seebädern hatte man es leichter, es genügte, die Pächter anzurufen.

Schwieriger war die Situation am westlichen Golf, wo die Triestiner die Costa dei Barbari, die hohen und weiß-schimmernden Kalksteinfelsen der karg bewachsenen Steilküste, hinuntergeklettert waren, um abseits des Trubels den Nachmittag zu genießen. Bis in die fünfziger Jahre hinein, vor dem Beginn des industrialisierten Fischfangs, fanden Thunfischschwärme den Weg hierher und wurden von kleinen Häfen aus mit einfachen Booten gejagt. Schwarzgewandete Fischersfrauen trugen den Fang in Körben auf den Köpfen hoch in die weit über dem Meer gelegenen Fischerdörfer auf dem Karst. Der Aufstieg auf über zweihundert Höhenmeter dauerte mehr als eine halbe Stunde, auf steilen Pfaden, die sich zwischen den terrassierten Weinbergen emporschlängelten. Später wichen die Fischer den Freizeitkapitänen, und die Baracken für die Fischereigeräte wurden von den Badenden übernommen.

Am schwierigsten war es, die Menschen auf den Segelschiffen und Motorbooten zu warnen, die bevorzugt in diesem Teil des Golfs ankerten und den Nachmittag bei gemächlichem Schaukeln der Boote und unter aufgespannten Sonnensegeln an sich vorüberziehen ließen. Obwohl es eher unwahrscheinlich war, daß es zu einer Begegnung mit dem Hai kam, mußte ein Schiff der Küstenwache sich auf den Weg zur Costa dei Barbari machen und die Badenden warnen. In den städtischen Badeanstalten und in Grignano war derweil kein Mensch mehr im Wasser. Die Badeleitern im alten Bad »Ausonia« waren längst eingezogen, und die Badegäste spähten gespannt und aufgeregt aufs Meer hinaus, ob sie nicht doch eine Rückenflosse die Wellen durchschneiden oder einen Schatten der Bestie im Wasser sehen könnten, die sie aus ihrem Sonntagnachmittagsvergnügen aufgeschreckt hatte. Sie wollten wenigstens ein bißchen für die Aufregung belohnt werden, doch der Hai tat ihnen diesen Gefallen nicht. Schließlich entvölkerten sich langsam die Strände, Uferpromenaden und Molen. Gegen 19 Uhr wagten sich die Mutigen, die Unbekümmerten, die Kopflosen und die wenigen Touristen wieder ins Wasser, um ein letztes erfrischendes Bad zu nehmen, bevor die Sonne als feuerroter Ball in der Lagune von Grado versank. Weit hinaus schwamm allerdings keiner mehr.

»Tergeste 6« kreuzte im östlichen Teil des Golfes etwa eine viertel Seemeile vor der Stadt. Dort wurde der Hai dreimal kurz hintereinander gesichtet. Es war das neueste Schiff der Capitaneria, eine »Akhir 21 Sport«, mit zwei MAN-Turbinen und insgesamt mehr als tausendzweihundert Pferdestärken. In großen weinroten Lettern zog sich der Schriftzug »Guardia Costiera« an beiden Seiten des Schiffsrumpfs entlang und wurde durch einen breiten weinroten und von weitem erkennbaren Streifen betont, der sich am Bug schräg abfallend bis unter die Wasserlinie zog. Drei Männer standen auf Deck. Zwei hielten Harpunen in ihren Händen, der dritte ein Gewehr.

Als das Heck des Schiffes plötzlich tief ins Meer eintauchte, der Bug sich hob, das aufjaulende Dröhnen der Maschinen den Raum bis zum Ufer erfüllte und eine gewaltige Wolke weißen Gischts von den Schrauben aufgewühlt wurde, blieben selbst diejenigen nochmals an der Mole stehen, die ihre Badesachen schon eingepackt hatten und sich auf den Heimweg machen wollten. Sie stellten ihre Taschen ab und hoben eine Hand vor die Augen, um von der tief stehenden Sonne, die sich lange auf der Wasseroberfläche brach, nicht geblendet zu werden. Das Schiff beschleunigte mit großer Kraft, der Bug hob sich immer weiter aus dem Wasser. Die drei Männer hielten sich an der Reling fest, ließen mit der freien Hand die Karabinerhaken der Leinen an den Gurten einrasten, die sie über die Oberkörper gekreuzt trugen und die sie mit dem Schiff verbanden, damit sie nicht durch den harten Aufprall des Rumpfes auf einer Welle über Bord geschleudert wurden.

Von Grignano kommend sah man kurz darauf »Tergeste II« mit hoher Bugwelle durch das Wasser pflügen, eine »Hatteras«. Sie war ein älteres und deutlich kleineres Schiff als die fünfzehn Meter lange und schnelle Schwester und stammte noch aus der Beschlagnahme in einem Schmuggelfall. »Tergeste II« war dafür wendiger. Im Abendlicht waren die Silhouetten zweier Männer auf dem Bug auszumachen. Es schien, als liefen die beiden Schiffe auf einen gemeinsamen Punkt zu, der weiter draußen, in der Mitte des Golfes, auszumachen sein mußte und, von der Mole aus gesehen, die Spitze eines Dreiecks bildete, dessen Schenkel die weißen Gischtspuren im Meer waren. Die Männer standen der Innenseite des Dreiecks zugewandt und hielten die Waffen im Anschlag. Die Schiffe waren nur noch als Punkte zu sehen, und auch der Lärm der Maschinen ebbte allmählich ab. Sie hatten sich weit von der Stadt entfernt und die Positionslichter eingeschaltet. Die Sonne war zu dreiviertel im Meer versunken, lange Schatten warfen sich bereits mächtig über den Golf. Die letzten Schaulustigen hatten sich auf den Heimweg gemacht und sich mit ihren Fahrzeugen in die lange Kolonne eingereiht, die in die Stadt zurückkehrte. Die Uferpromenade gehörte jetzt ganz allein den Anglern.

Morgen würde man im »Piccolo« lesen können, was passiert war. Der Artikel würde der Aufmacher des Lokalteils sein und eine dicke Schlagzeile tragen: »Haialarm. Panik zum Sommerende – Nachforschungen der Capitaneria, mit zwei Einheiten im Einsatz, auf den ganzen Golf ausgeweitet«.

VEA KAISER

Das Königreich der Bora
oder
Rovinjsko Ludilo

September, Triest

Solone ist eingenickt. Mein Kopf liegt auf seiner breiten Brust, ich spüre seinen Puls und höre, wie gleichmäßig er atmet. Sein Arm umklammert schwer meinen Rücken, sodass ich nicht aufstehen kann, obwohl ich mir gerne den Strumpfgurt ausziehen würde, den er in der Hitze des Gefechts nicht aufbekommen hat. Fürs völlige Ausziehen fehlte die Zeit. Bereits als wir uns in der Hotellobby gegenüberstanden, machten die Gäste einen großen Bogen um uns, beschämt von der Anziehung, die uns umgeben haben muss wie eine Wolke, ein Nebel, flimmernder Dunst. Im Lift küssten wir uns fest und innig, im Hotelzimmer verloren wir kein Wort. Wir hatten uns eineinhalb Wochen nicht gesehen. Jeden Tag bis zu fünfzig vor Sehnsucht glühende Nachrichten, und jetzt, wo ich neben ihm liege, kann ich wieder atmen. In der Luft liegt sein Geruch – Solone verwendet weder Parfums noch Rasierwasser, und besonders hinter dem Ohr riecht er nach Glück. Nach dem Glück, in jenem Moment bei keinem anderen Menschen an keinem anderen Ort lieber sein zu wollen.

»In Rovinj sind doch alle verrückt«, sagt Baka und löst mit ihrer Zunge das Gebiss ein wenig vom Zahnfleisch, ein schmatzendes Geräusch, das tut sie immer, wenn sie etwas dramatisch untermalen will. »Alle verrückt. Und die, die's noch nicht sind, die werden's noch!«

Baka ist wunderbar, sie kocht die besten Ćevapčići des Balkans, bäckt einen Kolać, der auf der Zunge zergeht, doch die große weite Welt ist nicht das ihre. Als meine beste Freundin Maja und ich ihr auf dem Fernseher den Discovery Channel programmierten, schrie sie nach zehn Minuten hysterisch auf:

»Vanessa, Maja! Schnell!« Wir eilten in ihr Zimmer, sie saß unverletzt auf der Couch und starrte auf den Bildschirm, wo eine Dokumentation über die afrikanische Savanne lief; Elefanten stapften durch das Gras, eine Antilope sprang an einem Gnu vorbei, und auf einem Baum saß ein Geier.

»Wie zur Hölle kommt der Truthahn auf den Baum?«, schrie sie und wollte sich bis zum Abend nicht mehr beruhigen. Auch wenn sie jahrzehntelang in Wien gearbeitet hat und vor fünfzehn Jahren mit Djed nach Rovinj gezogen ist, in diese istrische Küstenstadt, wo jedes Kind vier Sprachen spricht, im Herzen bleibt sie die Schäferin aus einem kleinen, kroatischen Bergdorf. Ich lächle sie an und trinke den süßen, aus Kaffeepulver aufgekochten Mokka.

Djed hat seinen Mittagsschlaf beendet, er kommt gähnend aus dem Haus, trägt nur Unterhemd und tief sitzende

Kakihosen. Er macht einen kleinen Hüpfer, um sich den Hut von der Weinlaube herunterzuholen. Djed ist fast achtzig, doch hüpfen und Raki trinken wird er, bis er umfällt.

»Die Alte hat ausnahmsweise recht«, sagt Djed und rückt die Krempe seines Hutes zurecht. Er hat fast keine Haare und wie Baka auch keine Zähne mehr, doch sein Lächeln ist so friedlich, dass es die Singvögel anlockt. Sie setzen sich auf die Krempe und lassen sich mit zerdrückten Himbeeren füttern. Und wenn sie mit ihren Schnäbeln an das Küchenfenster klopfen, weiß Djed, dass bald der Winter kommt. »Hier in Rovinj sind wirklich alle irre, und wenn du noch länger bleibst, wirst du es auch«, sagt er. »Das liegt an den Winden. Rovinj ist eine Halbinsel im Meer, und von allen Seiten blasen sie; die Bora, meine Liebe, kommt in Senj auf die Welt, herrscht in Rovinj und stirbt in Triest.« Djed klopft mit seinem Stock auf den Boden. »Hier ist sie Königin. Alle müssen ihr untertan sein, sie verwirrt allen die Köpfe. Und das Ergebnis? Alle irre.«

Maja liegt auf dem Felsen, streckt der Sonne ihren Bauch entgegen und reibt mit den Fingern am Gummi der Kopfhörer. Ich habe ihr gesagt, dass der Gummi bald runter und die Kopfhörer unbrauchbar sein werden, wenn sie so weitermacht, doch Maja ist im dritten Monat schwanger, worüber sie sich sehr freut, und muss zu rauchen aufhören, worüber sie sich gar nicht freut. Alles, was sie in die Finger bekommt, wird zerwutzelt.

Baka und Djed sind eigentlich Majas Großeltern. Doch ich bin Majas Trauzeugin, und bei den Kroaten sagt man: *Geschwister kann man sich nicht aussuchen. Trauzeugen schon.* Maja hat keine Geschwister, also hat die Familie mich adoptiert, so kam ich nach Rovinj. Nur vom Verrücktwerden hatte niemand etwas erzählt, als die Familie kollektiv und ohne mich zu fragen beschloss, ich müsse den Sommer hier verbringen. Maja und ich kennen uns seit Schulzeiten. Wir sind beide von unseren Eltern in ein Internat nach Österreich geschickt worden. Und beide mit siebzehn davongelaufen. Maja wurde Model, ich Musikerin. Bis uns unsere Familien verziehen, hatten wir nur einander. Das verbindet uns auf ewig, so unterschiedlich wir sind.

»Baka und Djed haben recht«, sagt Maja, »in Rovinj gibt es nur Gestörte. Schau dir mal Sandro an, der in hautengen Leggings durch die Stadt läuft und Touristen anbietet, aus ihren Handflächen herauszulesen, in welcher Generation sie mit Außerirdischen verwandt sind.« Maja lacht und greift nach der Karottencreme, einem alten Hausmittel, das die Haut besonders braun machen soll. In Rovinj sind ein Drittel aller Strände Nacktbadestrände. Am Anfang fühlte ich mich seltsam, doch seit dem zweiten Tag ist mir schleierhaft, wozu Badeanzüge überhaupt erfunden wurden. Gibt es Schöneres, als nackt zwischen Sonne und Meer zu wandern? Ohne Hüllen, völlig befreit. »Ah ja, und hab ich dir mal von Amerika erzählt?«, fragt Maja, bevor sie die Ohrstöpsel einsteckt, um ihr Anti-Raucher-Suggestions-Hörbuch zu hören. »Amerika ist Sandros Vater. Wie er wirklich heißt, weiß ich nicht. Jedenfalls, er wollte sich umbringen und fuhr dafür extra nach San Francisco, um von der Golden Gate Bridge zu springen. Hat er auch gemacht. Hat aber überlebt und ist zurückgekommen. Seither nennen ihn alle Amerika.«

September, Triest

Solone dreht sich auf den Rücken, wacht langsam auf. Ich stütze mich auf meinen Ellbogen, damit ich ihn ansehen kann. So wie ihn haben sich die Griechen ihre Götter vorgestellt; groß, wunderschön definiert, ohne allzu auffällig muskulös zu sein. Blondes, lockiges Haar, strahlend blaue Augen, ebenmäßige Züge, ein fein geschwungener Mund, der immer leicht offen steht.

»Ciao«, flüstert er. »Sollen wir etwas essen gehen?«, fragt er mit Blick auf den Radiowecker neben dem Bett. Es ist kurz nach einundzwanzig Uhr. Ich nicke, doch dann spüre ich seine Hand auf meinem Bauch. Sie umspielt meinen Nabel und wandert langsam tiefer, während er meinen Nacken küsst. »Ich muss dich spüren«, sagt er, beißt zärtlich in meine Ohrläppchen, und ich schließe die Augen, während unsere Körper ineinanderfließen, als hätten die Götter sie genau dafür geformt.

August, Rovinj

Rovinj wurde im Mittelalter auf einem Felsen erbaut, der ins Meer ragt. Eine Theorie besagt, so viele Menschen hier würden verrückt, weil der Felsen, auf dem die Stadt steht, von den Meeresströmungen unterspült sei. Wieder andere meinen, es sei so schön hier, dass niemand wegziehe und daher die Leute zu häufig untereinander heirateten, wodurch der Wahnsinn kultiviert und weitergegeben werde.

Maja und ich liegen tagsüber nackt auf einem Klippen-vorsprung am Meer. Sanfte Felsen, von Jahrhunderten an Wellen glatt gespült, unterhalb eines kleinen Pinienwäld-chens. Bis halb neun Uhr abends liegt dieser Platz in der prallen Sonne. Kein Stadtführer und keine Karte verzeich-net ihn. Man muss das Wäldchen kennen, um hierherzufin-den. An unserm Strand gilt die unausgesprochene Regel: keine Kleider erlaubt.

Auf dem Weg dorthin lacht Maja und erzählt vom Tele-fonat mit ihrem Ehemann, der mit Katze und Hund allein zu Hause ist und sein Strohwitwerdasein auskostet, indem er jeden Abend rohe Zwiebeln und Innereien isst. Seine Leibspeisen, auf die er verzichtet, seit er mit Maja zusam-men ist.

Wir steigen wie jeden Tag den kleinen Trampelpfad hi-nunter, doch heute ist etwas anders.

Er ist anders.

Ich stolpere, bleibe stehen. *Er* liegt auf einer Strand-matte, dreht sich von der einen auf die andere Seite, hält im Wenden inne und sieht mich an. Ich erstarre. Ein Stich, als wären plötzlich all die Hüllen und Panzer, die wir vor anderen Menschen aufziehen, geschmolzen. Ein Blick, als hinge mein Herz vor der Brust und er würde den Finger darauflegen.

»Kommst du?«, ruft Maja, die schon über alle Felsen nach unten gehüpft ist wie eine Bergziege.

Beschämt fixiere ich meine Füße und folge ihr.

Die letzten Wochen war unser Felsen bevölkert von älte-ren Menschen, Paaren, Freundinnengruppen oder Männern mit seltsamen Tätowierungen oder gruseligen Frisuren.

Und bis auf einen kleinen Jungen, der Hoden, aber keinen Penis hatte, haben Maja und ich nie andere Menschen beobachtet. Das ist ja das Gute, wenn alle nackt sind. Weder die eigene noch die Nacktheit anderer stört.

Doch seit *er* hier ist, ist alles anders.

Er liegt auf dem Felsen, der dem Meer am allernächsten ist. Bei hohem Wellengang wird man dort nass, doch heute ist das Wasser friedlich und ruhig, der letzte Tag Ebbe, morgen schon wird es spritzen und schäumen. Er liest einen dicken italienischen Roman, den ich bereits ein paarmal in der Hand hatte. Doch was es mir verunmöglicht, den Blick von ihm abzuwenden, ist, dass er aussieht wie eine jener griechischen Götterstatuen, von denen wir in der Schule lernten. Geschichte war immer das einzige Fach, das Maja und mich interessierte. Wie der Apollon von Nafplion, denke ich.

Ich reiße mich von dem Anblick weg, starre in mein Buch und kann keine drei Sätze sinnzusammenhängend lesen. Maja redet auf mich ein, aber wie die Bora gehen ihre Sätze bei einem Ohr hinein und beim anderen hinaus. Ich beobachte stattdessen, wie Apollon aufsteht und ins Wasser steigt. Maja wird langweilig, weil ich ihr nicht antworte.

»Ich geh baden«, verkündet sie.

Erst als beide in den Fluten hinter den Felsen abgetaucht sind, beruhigt sich mein Puls. Kleine Tagträume schwappen auf, wie es wäre, mit ihm allein zu sein – da klettert Maja aus dem Wasser und lässt meine Träume platzen, als wären sie Luftballons und Maja das Kind mit der Nadel.

»Diese Italiener sind so ekelhaft«, seufzt sie und schlägt ihre langen braunen Korkenzieherlocken in einen Handtuchturban. »Der Typ da unten«, sie zeigt auf meinen Apollon, »hat mich gerade angeflirtet, obwohl ich schwanger bin!«

Ich will erwidern, dass sie im dritten Monat sei und ihr Bauch höchstens auf zu viele Ćevapčići schließen lasse, woher solle er das also wissen, doch stattdessen nehme ich meine Sonnenbrille ab und laufe ins Wasser. Normalerweise brauche ich eine halbe Stunde, um mich Zentimeter für Zentimeter ins kühle Nass zu wagen. Dieses Mal springe ich einfach hinein. Das Wasser ist eiskalt. Die Nadelstiche jedoch eine Wohltat. Wieso, ihr olympischen Götter, verlieben sich die Traummänner immer in Maja?

September, Triest

Als wir kichernd und mit hochroten Wangen unten in die Lobby des Grandhotels treten, blicken die Geschäftsleute und durchwegs älteren Gäste grinsend in eine andere Richtung.

»Hab ich was im Gesicht?«, fragt Solone.

»Ja. Wir sehen aus, als hätten wir uns stundenlang geliebt.«

Solone will mir nicht glauben, doch als wir die Piazza dell'Unità überquert haben, in eine der verschlungenen Straßen des alten Stadtzentrums biegen und ihm in der kleinen Trattoria der Kellner zuzwinkert, lacht er auf und blickt mich begeistert an.

»Davvero!«

»Sag ich doch. Wir glühen.«

Solone nimmt meine Hand über dem Tisch und drückt sie an seine Lippen.

»Ich bin vollkommen verrückt nach dir.«

August, Rovinj

Wie ich es die ganze Nacht lang befürchtet habe, in der ich schlaflos an den Apollon vom Nacktbadestrand dachte, liegt er am nächsten Tag wieder da. Als wir kommen, blickt er von seinem Buch auf. Kurz bilde ich mir ein, er suche meinen Blick, hefte seine Augen an meine.

»Na Mädls, wie geht es euch heute?«, ruft er zu uns hinüber.

Bevor ich etwas sagen kann, zischt ihn Maja an: »Geht dich nichts an«, und zieht mich auf einen Felsen, der von dem seinen möglichst weit entfernt ist. Doch Apollon und ich lassen uns nicht aus den Augen. Maja bemerkt das mit einem Kopfschütteln, wir grinsen uns an.

Zwei Stunden lang treffen sich immer wieder unsere Blicke, verstohlenes Lächeln. Als Maja alte Freunde in der Ferne entdeckt und aufspringt, um sie zu begrüßen, steht auch er auf, setzt sich neben mich.

»Ciao, ich bin Solone.«

Und als hätten wir uns bereits vermisst, noch ehe wir voneinander wussten, finden wir ins Gespräch.

Schicksal ist ein großes Wort. Aber wir unterhalten uns in einer Vertrautheit, als würden wir uns seit immer kennen, und nach kurzer Zeit kann ich nicht mehr an einen Zufall glauben. Wir sprechen dieselben fünf Sprachen, lieben dieselben Philosophen und entbrennen in einem zärtlichen Disput, ob *Homeland* oder *House of Cards* besser gemacht ist. Bald ist uns so heiß, dass wir, während des Redens immer näher zueinandergerückt, beschließen, schwimmen zu gehen. Er ist schneller auf den Beinen und reicht mir die Hand. Einen kurzen Moment halten wir inne. Wir stehen uns nackt gegenüber. Wir wissen, dass wir uns umarmen wollen, dass wir eigentlich auch gleich übereinander herfallen könnten, denn es gibt nichts, das uns noch trennt. Keine Kleider, keine Schranken. Mit hochroten Wangen erinnern wir uns daran, dass wir ins Wasser wollten.

Die Wellen sind heftig, zerschellen an den Felsen, er jedoch hält meine Hand fest umschlossen und führt mich über einen kleinen Grat sicher ins Wasser. Erst als wir schwimmen, lassen wir die Hände los. Nicht, weil wir wollen. Sondern weil die Wellen unsere Körper aneinanderdrücken. So befreiend die Nacktheit ist, so erdrückend wird sie, sobald wir uns berühren. Denn einerseits hat man nichts zu verbergen, andererseits auch keine Grenzen mehr. Wir lassen uns vom Gewoge immer weiter hinaus aufs Meer ziehen und unterhalten uns. Als wüsste die See genau, was wir denken, treiben uns die Wellen immer wieder zueinander. Jedes Mal, wenn sich unsere Körper streifen, verstummt das Gespräch. Denn eigentlich muss man nichts sagen, wenn man sich begehrt.

Dabei wissen wir weder, woher der andere kommt, noch was er macht, haben all die Vorstellungsphrasen ausgelassen, die man normalerweise durchdekliniert, wenn man sich kennenlernt. Vielleicht liegt es an der Nacktheit, aber wir halten uns nicht mit Nebensächlichkeiten auf. Sprechen über unsere Träume, wonach wir uns sehnen, wofür unser Herz schlägt. Wir wissen, wer wir wirklich sind, ohne uns zu kennen.

Als die Sonne untergeht und Maja bereits am Eingang des Pinienwäldchens wartet, kommt der Moment des Abschieds. Seine Eltern haben ein Ferienhaus in der Stadt, er jedoch muss am nächsten Tag zurück in den Veneto. Wir sehen uns an; seine Augen, blitzblau aus dem Wasserfarbenkasten. Keiner von uns weiß, was er sagen soll. Kann denn so viel Vertrautheit so schnell vorbei sein?

»Have a good life«, sagt er schließlich und küsst mich auf die Wange, streift mit seinen Lippen die meinen und läuft hastig davon.

»Italiener sind schwierig.« Baka stellt einen großen Topf Miesmuscheln auf den Tisch, die sie mit Petersilie, Knoblauch und Weißwein zubereitet hat.

Maja hat ihr, während ich in der engen Straße einen Parkplatz für das Auto suchte, natürlich jedes Detail erzählt, inklusive wie er nackt aussieht. Meine slowenische Großmutter wäre wahrscheinlich in Ohnmacht gefallen. Aber Baka legt nach: »So, und jetzt sag der Oma: Hast du mit ihm Sex gemacht?«

Ich huste, falle fast vom Sessel, verschlucke mich an einer Muschel, erst als mir Djed auf den Rücken klopft, ebbt der Hustenanfall ab.

»Wann, wo, was?«

»Na im Meer, dass er sich an dich erinnert«, sagt die Siebzigjährige und nimmt der schwangeren Maja ihr Wasserglas aus der Hand: »Maja, wenn du zu Muscheln Wasser trinkst, wird dir schlecht. Hier, trink Wein oder gar nichts.«

Baka. Ich würde gerne mal einen Tag lang die Welt durch ihre Augen sehen.

Er hat sich auch so erinnert. Drei Stunden später, als Maja und ich auf der Terrasse sitzen und über Babynamen nachdenken, piept mein Handy.

Ich bin wieder im Veneto. Es regnet. Ich habe einem kleinen Tropfen von Dir erzählt, doch er hat das Geheimnis nicht für sich behalten, und nun schreit der gesamte Regenguss Deinen Namen. Wir müssen uns wiedersehen.

Und zwei Tage später sehen wir uns wieder. Wir treffen uns im Hafen von Rovinj, trinken Espresso in einer kleinen Bar.

»Wir haben uns schon einmal bekleidet gesehen«, sagt er, woraufhin ich verwundert den Kopf schüttle. »O. K., ich hab dich gesehen, als du aus dem Auto gestiegen bist. Ich dachte, du hättest mich auch bemerkt, weil du mit diesen unglaublich großen Augen zu mir sahst.«

Aber ich hatte ihn nicht gesehen, und er war mit dem Fahrrad weitergefahren. Solone geht normalerweise zu einem anderen Strand. Er hatte an jenem Tag jedoch seine Badehose vergessen, und weil er nicht mehr zurück in sein Haus fahren wollte, hatte er sich für den Nacktstrand entschieden. Und hatte mich gefunden.

»Ich dachte, das wäre Schicksal der Götter«, flüstert er und nimmt unter dem Tisch meine Hand. »Deshalb bin ich am nächsten Tag wiedergekommen, obwohl ich nackt baden eigentlich nicht mag.«

»Und ich dachte, du hättest dich in Maja verliebt?«

»Maja? Ich hab sie angesprochen, weil ich mich nicht getraut habe, dich nackt anzureden. Dachte, das wäre eleganter, mich über deine Freundin anzunähern. Aber Fehlanzeige«, meint er entsetzt. »Nein. Ich kam zurück zum Nacktbadestrand wegen deines Mundes. Wegen so eines Mundes sind früher Kriege geführt worden.«

Wir sitzen uns gegenüber, verlieren uns ineinander, er seufzt und springt auf:

»Komm, lass uns Boot fahren gehen.«

Solone grinst, wir lösen das Tau und steuern das Boot aus dem Rovijner Hafen auf die offene See. Die Sonne scheint warm, es ist später Nachmittag, das Boot fetzt vorbei an der Roten Insel, hinter uns erhebt sich die Altstadt mit dem Turm der heiligen Eufemija. Wir machen Witze über die Hotels auf den kleinen Inseln vor Rovinj – im Sozialismus als Erholungsheime gebaut, wirken sie vom Meer aus wie Züchtigungsheime. Schließlich gehen wir in einer kleinen Bucht vor Anker.

Wir ziehen uns zum Schwimmen aus, doch als wir wieder nackt sind, und dieses Mal allein, ohne dass die Augen anderer Badegäste auf uns gerichtet sind, geben wir nach. Solone zieht mich an sich, wir küssen uns. Das Boot schaukelt, als wir uns auf der gepolsterten Liegefläche endlich so nahe kommen, wie wir uns fühlen, seit wir das erste Mal nackt über amerikanische TV-Serien redeten.

Als wir Stunden später gemeinsam die Besinnung wiederfinden, will ich mich aufrichten, um meine Sonnenbrille zu suchen, und erschrecke. Zehn Meter vor uns treibt ein Motorboot auf dem Wasser. Zwei Männer sitzen darin, einer hat ein Teleobjektiv auf uns gerichtet.

Ich kreische, Solone schreckt hoch. Wir tasten hektisch nach unseren Kleidern, ziehen uns an, das Motorboot gibt Gas und fährt davon.

»Scheiße«, sage ich.

»Cazzo«, schreit er.

Ich wollte ihm nicht erzählen, dass ich Sängerin bin. Wann immer ich Männer kennenlerne, wissen sie bereits, womit ich mein Geld verdiene, und haben ein vorgefertigtes Bild von mir, das sich nur schwer wieder zerstören lässt. Wer glaubt schon einem Mädchen mit einer Gitarre, dass sie nicht über sich selbst singt? Ich hatte es genossen, dass er nichts über mich wusste, nicht eingeschüchtert davon war, doch nun sitzt der Schock, beim Liebemachen fotografiert worden zu sein, so tief, dass ich ihm alles erzähle. Und plötzlich lacht er. Nicht einfach belustigt, sondern aus ganzem Herzen.

»Ach Vanessa«, sagt er und wischt sich Tränen aus den Augen. »Mir geht es doch genauso. Ich bin Politiker. Mich kennen auch immer alle. Es war so schön, dass ich mit dir einfach reden konnte, ohne befürchten zu müssen, dass du nur deshalb an mir interessiert bist.«

September, Triest

Nach dem Abendessen spazieren wir eine Stunde am Meer entlang. Es ist ein warmer Septemberabend, doch am Ende der Molo Audace, des alten Kais aus Maria-Theresia-Zeiten, das weit hinaus ins Meer ragt, kommt ein kühler Wind auf, der uns daran erinnert, dass der Sommer vorbei ist.

Wir halten uns fest. Solone küsst meinen Hinterkopf, ich lege meine Wange an seine Brust. Triest ist nicht Italien. Triest ist nicht Slowenien. Triest ist nicht Österreich. Triest ist nicht Kroatien. Triest ist ein Ort, an dem alles ist. Eine Stadt, die in einer unbestimmten Vergangenheit zu leben scheint, in der alles möglich ist, weil sie sich nicht greifen, nicht eindeutig verorten lässt.

»Ich will nicht, dass du morgen fährst«, flüstert er, ehe wir eng umschlungen ins Hotel zurückgehen, wo wir uns bis in die frühen Morgenstunden lieben. Wir wollen keine Sekunde verlieren. Am nächsten Tag muss ich zurück nach Ljubljana, er zurück in den Veneto. Ich werde mein neues Album veröffentlichen, wieder auf Tournee durch Slowenien, Österreich, Süddeutschland und die Schweiz gehen, er muss sich um neue Gesetze im Gesundheitswesen kümmern. Der Sommer wird vorbei sein.

August, Rovinj

Solone und ich sehen uns, so oft wir können. Manchmal angezogen, aber so oft als möglich nackt.

»Wie soll das eigentlich weitergehen?«, fragt Maja am zweitletzten Abend vor meiner Abreise, als ich beim Essen nur körperlich anwesend bin, weil mir Solone soeben eine seiner vor Leidenschaft leuchtenden Nachrichten geschrieben hat. Maja und ich sind beste Freundinnen, weil wir zwar dieselben Dinge mögen, aber doch gänzlich verschieden sind. Sie ist die Pragmatikerin: Sie denkt in *zusammen sein* oder *nicht zusammen sein. Heiraten* oder *nicht heiraten. Kinder kriegen* oder *keine Kinder kriegen.* Ich bin die Träumerin, ich liebe das Spiel, die Sehnsucht, die Ungewissheit. Als ich Maja einmal Solones romantische Nachrichten zeigte, musste sie abwechselnd lachen oder sich übergeben. Als ich die Nachrichten ihres Ehemannes las, die an Nüchternheit kaum zu übertreffen sind, fragte ich sie, warum sie ihn eigentlich heirate.

»Ich weiß nicht, wie das weitergehen wird. Wir treffen uns jetzt mal in Triest – das ist genau in der Mitte zwischen Ljubljana und dem Veneto«, erkläre ich.

Maja rollt mit den Augen. Baka trinkt langsam ihr Glas Buttermilch.

»Er soll dich heiraten, er hat Geld«, kommentiert die alte Frau, und ich seufze.

»Aber darum geht es doch nicht! Ist es nicht egal, welchen Namen oder Status etwas hat, das zwischen zwei Menschen ist, solange es lodert, brennt, uns glücklich macht?«, frage ich in die Runde. Meine kroatische Familie beginnt zu lachen. Djed räuspert sich und schenkt mir Raki ein.

»Erinnerst du dich, was ich dir erzählt habe, als du hierhergekommen bist? In Rovinj macht die Bora alle wahnsinnig. Deshalb pass auf. Liebe ist auch eine Form von Wahnsinn.«

September, Triest

Am nächsten Morgen liegen wir im Bett, bis die Empfangsdame des Hotels zum vierten Mal anruft. Solones Büro macht sich Sorgen, weil er seit Stunden kein Lebenszeichen gegeben hat.

Wir haben beide Tränen in den Augen, als ich meine Tasche auf den Rücksitz stelle, ich bilde mir ein, dass es in meinem Auto nach Sommer riecht. Aber als wir uns zum Abschied umarmen, schiebt sich eine Wolke vor die Sonne, und plötzlich wird es kühl. Der Herbst ist da. Wir küssen uns so lange, bis ein Autofahrer zu hupen beginnt, er hat es auf meinen Parkplatz vor dem Hotel abgesehen. Solone wird wütend und beginnt, den Autofahrer zu beschimpfen, ich streichle seine Wangen, lege meinen Zeigefinger auf seine Lippen.

»Kennst du das kroatische Sprichwort? Die Bora kommt in Senj auf die Welt, herrscht in Rovinj und stirbt in Triest.«

Der Sprung von der Liburnia

Spring. Er stand ungefähr einen Meter vorm Rand. Die dunkle Fläche des Abgrunds bewegte sich rasch. Er stand ungefähr einen Meter entfernt vom Rand, an Bord des Schiffes, mit einer Hand hielt er sich an der Reling hinter seinem Rücken fest, schaute auf die Wasserfläche, die rasch vorbeiglitt, den zweiten Arm ließ er baumeln, und mit ihm pendelte der etwas geneigte Körper. Spring, sagte sie.

Es war Nacht, droben die mit Wolken verschlossene Himmelsmuschel, unten der dunkle Wasserspiegel. Er wellte sich allenfalls leicht, schmiegte sich an die Bordwand wie der Rücken eines großen Tieres. In der Luft lag der Geruch von Rauch, der aus der breiten Schnauze des Schornsteins über ihnen quoll. Es war windstill, und doch drückte der Rauch nach unten, so daß er von Zeit zu Zeit in den Nasenflügeln biß, vermischt mit dem Geruch nach Wasser und wohl auch nach Salz. Spring, sagte sie, und ihre ruhige, unbekümmerte Stimme fuhr ihm mitten durch den Leib und setzte sich oben im Magen fest. Er spürte, jetzt zieht ihn tatsächlich etwas nach unten, in die Tiefe. Dieses Gefühl war schon einen Moment vorher dagewesen, vielleicht eine Minute zuvor, die Minute, bevor er über die Reling gestiegen und einen Schritt weiter, auf den dunklen, sich rasch bewegenden Abgrund zu, getan hatte. Eine

Minute vorher lag er ausgestreckt im Deckstuhl, die Füße auf der Reling, eine Minute vorher rauchte er eine Zigarette. Eine Minute vorher hatte er den glimmenden Stummel über Bord geworfen und zugeschaut, wie der glühende Punkt kurze Zeit in der Dunkelheit hing, sich neigte und nach hinten hinunter einen leuchtenden Bogen zeichnete. Es war ihm, als hörte er es auf dem Wasserspiegel zischen. Natürlich zischte es nicht, denn zu hören war nichts als das gleichmäßige Tuckern des Schiffsmotors. Es verschwand nur; etwas, das einen Moment vorher noch in seiner Hand war, verschwand jetzt gänzlich und endgültig, und als es verschwunden war, blieb nichts davon, weder in der Luft noch im Wasser oder in der Dunkelheit, in die das Schiff tauchte. In die sie beide tauchten, ausgestreckt auf den leinenen Liegestühlen an Deck, nach der Abendmahlzeit, wortlos, mit leeren Augen, die dorthin ins Dunkel gerichtet waren, wo die Küste sein mußte, wo auch die Küste lag, denn ab und zu zeigten sich flimmernde Lichter vom Ufer, an Land, vielleicht weit im Landesinneren.

– Sag das noch einmal, sagte er.

Er riß den Blick los von den Lichtern am Ufer und dem dunklen Meeresspiegel, die tiefe Fläche spürte er mehr, als er sie sah, sein Herz schlug schneller. Das, was ihm oben im Magen lag, hob sich zum Herzen, ins Innere hinein, zum Herzschlag mitten in der Höhle seines Körpers, und ein erschreckender, gefährlicher Gedanke durchzuckte ihn, daß er jetzt womöglich tatsächlich spränge; wenn sie es nur noch einmal sagte, dann hätte er keine Kraft mehr, zurückzutreten. Sie merkte das hoffentlich, jetzt war es auf einmal kein Spiel mehr. Noch in dem Moment vorher, als er dem

Zigarettenstummel nachgeschaut hatte, als er aufgestanden und über das Metallgeländer gestiegen war, ganz zu Anfang war es wohl noch Übermut, nun aber wurde er plötzlich auf die Probe gestellt. Sie mußte doch spüren, daß es ihn in die Tiefe zog, sie mußte aufstehen und ihn umarmen, mußte doch schweigen. Sie schwieg. Aber das genügte ihm nun nicht mehr. Sie sollte die Angst spüren, die ihn durchzog, sie sollte sich doch um Gottes willen jetzt, für einen Augenblick, ein wenig herablassen, sollte ihn doch bitten, doch etwas sagen, sich rühren. Warum lag sie unbeweglich hinter seinem Rücken, in die Decke gewickelt, warum beendete sie nicht mit einer Bewegung, mit einem Wort nur, alle Mißverständnisse, die sich in den letzten Lebensjahren angehäuft hatten? Nur ein Wort von ihr, und die plötzliche Wahnsinnssituation würde sich entspannen, sie beide würden sich entspannen. Er spürte, daß sie in diesem kurzen und doch so langen Augenblick überlegte, vielleicht wägte sie seine Bereitschaft zum Risiko, ihm schien, sie habe sich gerührt. Sie mußte doch aufstehen, ein Wort sagen, ein Wort der Sorge um ihn, ein Wort der Liebe, mußte ihn erlösen. Mochte sie doch sagen, du benimmst dich wie ein Kind, mochte sie sagen, laß die Dummheiten, oder, es ist kalt, laß uns hinunter in die Kabine gehen, oder, das Wasser ist kalt, sollte sie alles ins Scherzhafte ziehen, sollte sie lachen, husten, gähnen! Er ließ die Reling los, seine Arme hingen am Körper herab, er senkte den Kopf. Wo war der Schaum, hinten am Heck? Wo waren die Wellen, hatte die Dunkelheit sie verschlungen? Er spürte ihren Atem hinter seinem Rücken, ihren Blick in seinem Nacken. Sie waren beide allein, ein paar junge Leute schliefen im Windschatten auf dem Vorderdeck in Schlafsäcken, man sah keine Körper, keinen Arm, keinen Kopf, nur ausgestreckte oder eingerollte, in schmutzig glänzenden Stoff gehüllte Körper. Sag doch ein Wort, dachte er, und dir wird alles verziehen, auch mir wird alles verziehen, alles, was wir zwei uns in den letzten Jahren angetan haben, mir tut alles leid, dachte er, mir tut es wirklich leid, aber sag doch ein Wort! Das ist keine Erniedrigung, oder ist es vielleicht eine Erniedrigung, wenn du mir nur einen Schritt entgegenkommst, nur einen Schritt. – Nach so vielen Ehejahren, nach so vielen Wunden, nur ein Wort, sag, daß es eine alberne Herausforderung ist, sag, mit so etwas spielt man nicht, man soll nicht hinter der Reling stehen, nicht in die Tiefe schauen. In die betörende, die wahnsinnig betörende Tiefe, die einen pakken will, ansaugen, hinabziehen, ertränken in dem dunklen Grund.

– Spring, sagte sie.

Mein Gott, dachte er, mein Gott, jetzt springe ich wirklich. Eigentlich gehe ich nur einen Schritt weiter, einen Schritt zu weit. Jetzt ist mir wirklich schwindlig, dachte er, jetzt kann er nicht mehr denken, welch schreckliche Herausforderung, was ist denn eigentlich geschehen. Warum steht er hier und zieht es ihn über Bord, er kann nicht mehr denken, alles ist verstummt – das Schiff und der Motor, der Herzschlag in der Brust, der Puls in der Schläfe, nur noch der Widerhall der Stille. Er trat ganz bis an den Rand und schwankte gefährlich, ich bin ein guter Schwimmer, dachte er gleichgültig, mit meinen Fünfzig bin ich noch immer ein guter Schwimmer, wird die Sirene heulen, wird es mich unters Schiff ziehen, ihm schien, als wäre sie aufgestanden.

Verzweifelt drehte er sich um, sie war nicht aufgestanden. Mit den Augenwinkeln fing er den Wuschelkopf einer fremden Frau ein, der aus dem Schlafsack lugte, verwunderte Mädchenaugen. Wie die Maus aus dem Mehl, dachte er und klammerte sich an diesen Gedanken, wie die Maus aus dem Mehl, warum sagen wir, wie die Maus aus dem Mehl, wie schaut die Maus aus dem Mehl, was hat die Maus aus dem Mehl mit diesem zerzausten Kopf zu tun, mit den verschlafenen, verwunderten, fremden Mädchenaugen, die dort aus dem Schlafsack schauen? Ich kann nichts sagen, jetzt werde ich springen, jetzt werde ich über den Rand treten, und gleich danach wird alles vorbei sein. Ich kann nichts mehr tun, ich darf nichts mehr sagen, alles ist hohl und still und irrsinnig verschreckt, aber dennoch entschieden. Nichts sagen.

– Ich sag es zum letzten Mal, sagte er – zum letzten Mal sag es.

Der Anblick, mit dem ihn die dunkle, fliehende Fläche fesselte, die Tiefe, die Entfernung zwischen ihm und dem Wasser, die magnetische Kraft, die ihn hinabzog, und etwas, das er nicht definieren konnte, ließen seinen Körper erzittern. Was ist das, dachte er, bin ich betrunken? Am Abend haben wir eine Flasche Wein geleert. Werde ich an Land schwimmen? Ich bin nicht betrunken, ich werde nicht an Land schwimmen. Schubweise suchten die Gedanken jäh und ungestüm einen Ausweg. Ich bin auf der Adria, das Schiff heißt Liburnia, wir sind Mann und Frau, viele Jahre am Abgrund, jetzt stehe ich am Abgrund, fern am Ufer ein Licht, die Tiefe ist dunkel, das Schiff in Dunkel gehüllt. Wenn er früher bisweilen auf dem Sprungturm im Schwimmbad oder auf einer Klippe am Meer gestanden hatte, wenn der schmächtige, zitternde Knabenkörper, die scheue, zitternde Seele es den Freunden beweisen wollte, daß sie Mut hat, echten Mut, dann hatte er gezählt, hatte bis drei gezählt, und danach war er jedesmal gesprungen; wenn er anfing zu zählen, wußte er, daß er springen würde, obwohl er wußte, in der Luft kommen die schrecklichen Momente der Abwesenheit während des Fluges, obwohl er wußte, daß der Aufprall auf das Wasser wohl schmerzen würde. Aber nun war es anders, alles war genauso, und doch anders. Jetzt ging es darum, sich nicht ins Meer zu stürzen, sondern ins Herz, in sein und in ihr Herz, in dieses Herz, von dem alles ausging und in dem alles seinen Sinn erhielt. Aber dafür mußte sie jetzt ein Wort sagen, nur eines, es durfte kein abwertendes Wort sein, kein spöttisches: Spring, und kein: Spring-für-mich, es durfte nicht seine Niederlage sein, an diesem Rand, in diesem Moment, spürt sie das denn nicht in ihrem Liegestuhl, in die Decke gewickelt, in diesem Moment konnte das Leben neu beginnen. Jetzt zitterte sein Körper, ahnt sie denn nicht, daß es ihn in diesem Moment wirklich und unwiderruflich in die Tiefe zog? Vom Vorderdeck drang das kurze Lachen der jungen Leute herüber, eine Tür schlug zu, das Wasser trug jäh eine weggeworfene Flasche davon, die Kuppel des wolkenverhangenen Himmels senkte sich. Er spürte seine feuchten Hände, kalter Schweiß trat ihm auf die Stirn, ein kühler Wind kam auf, und wieder stieg ihm beißender Rauch vom Schiff in die Nase. War das nun das letzte, waren das die letzten Empfindungen des Bewußtseins, mit denen er über Bord fliegen würde, ins Nichts, ins Dunkel?

Oder würde sie ein Wort sagen, ein anderes Wort? Ich sag es zum letzten Mal, sagte er, zum letzten Mal – sag es. Er sagte es zweimal hintereinander, so wie er damals als Bub bis drei gezählt hatte, er sagte es zweimal, und in kurzem Abstand antwortete sie, jedesmal schnell, jedesmal ärgerlich, jedesmal herausfordernd, jedesmal verächtlich. Jetzt ist drei, gleich ist drei. Ich sag es zum letzten Mal, sagte er, zum letzten Mal – sag es.

– Spring, antwortete sie leise.

Sie sprach leise, sprach mit leiserer Stimme, und das hielt ihn für einen Moment zurück. Doch im selben Moment durchzuckte ihn der Gedanke, sie hat es gesagt, sie hat doch gesagt, was sie um keinen Preis hätte aussprechen dürfen, und er trat über den Rand. Eigentlich trat er nicht darüber, dazu hatte er nicht mehr die Kraft. Er tat nur einen Schritt vorwärts, setzte nur den Fuß in Bewegung und kippte in den dunklen, leeren Raum. Genaugenommen trat er nicht in diese tiefe Leere, sondern er glitt hinein. Er kam am Rand zu sitzen, klammerte sich an den Metallsockel und rutschte den Rand entlang, hin zum rasch näher kommenden, immer größeren, immer mehr marternden Meeresspiegel.

Er hatte keinen Boden unter den Füßen, fand nirgends mehr Halt, er flog durch den Raum, durch die luftige, gelöste, geschmeidige Materie. Die wolkenverhangene Himmelskuppel und der schwarzblaue Meeresspiegel waren verschlungen und vereint, bald war der Himmel unten, bald trug es ihn fort und verdeckte ihn, bald schwoll seine Brust, bald fing sich sein Herz im eigenen Beben, das auch das Beben der Luft war, durch die er flog. Alles war sichtbar und unsichtbar zugleich, er fiel zugleich nach oben und nach unten, der gewölbte Horizont schweifte aus, die Anziehungskraft geriet aus der Bahn, die Ganzheit der Welt verdichtete sich und strebte gleichzeitig auseinander, Wasser und Luft, Meer und Himmel. Die körperliche Materie löste sich auf beim Aufprall auf die unverrückbare Meeresfläche. Für einen Augenblick sah er jenes Licht am Ufer, auf das er zuschwimmen müßte, für einen Augenblick sah er den riesigen Schatten des Schiffes, die metallene Bordwand, seine dunkle Masse, die vorbeirauschte und ihn heranzog. Er hörte einen Ruf, einen Schrei, hörte auch das Tuckern der Schiffsmotoren, ihr Stottern und Stoppen, die dröhnende Sirene; als er all das hörte, war er schon weit dahinter, in den schäumenden Wellen, die das Ungeheuer hinter sich spie, schon weit hinten, ohne Auge und Ohr, ohne Atem und Schmerz, gefangen im nassen Element, im Erlöschen, in der Urstummheit.

Sie lag noch immer da, in die Decke gewickelt, an der weißen Metallwand, im Dunkeln. Hob nur leicht den Kopf. Das Mädchen mit den zerzausten Haaren und den mäusekleinen verschlafenen Augen zündete sich eine Zigarette an. Sie aber hob nur leicht den Kopf, um deutlicher zu sehen, wie er sich krampfhaft an die Reling klammerte und etwas vor sich hinmurmelte. Er war nicht über den Rand getreten, hatte nicht den Fuß gerührt, war nicht mit einem einzigen Schritt in den tiefen leeren Raum geglitten, nicht auf dem Bordrand dem rasch näher kommenden, immer größeren, immer mehr marternden Meeresspiegel entgegengerutscht.

Er war nicht gesprungen. Hatte sich nicht mitten hinein gestürzt, ins Herz, dort hinein, von wo alles ausging und in dem alles seinen Sinn erhielt. Nirgendwohin hatte er sich gestürzt. Er stand an der Reling und spürte, wie sein zitternder Körper zur Ruhe kam, sich das Hohle, Leere in Brust und Kopf mit Tönen, Empfindungen, Bildern füllte. Nur das Schiff zitterte noch mit dem Tuckern des Motors, beißender, stinkender Rauch füllte die Nasenflügel, er wandte sich der Küste zu und sah die näherkommenden Lichter eines Ortes. Ich werde dich schlagen, dachte er, erschlagen werde ich dich! Unten in der Kabine, wenn nicht hier, dann unten.

– Wie konntest du nur, sagte er, wie konntest du nur?

Vom Festland her wehte jetzt ein warmer Wind. Die Lichter des Ortes wurden größer. Hätte er sich umgedreht, so hätte er gesehen, daß sie trotz des warmen Küstenwindes die Decke bis ans Kinn gezogen hatte. Hätte er sich umgedreht, so hätte er gesehen, daß in ihren Augen dennoch eine gewisse Verwunderung und Unsicherheit lagen. Nicht Angst, nur Unsicherheit und Verwunderung. Das hätte ihm jetzt genügt. Aber er drehte sich nicht um.

–Was heißt eigentlich Liburnia? fragte sie leise.

Er schwieg. Wie konntest du nur, wie konntest du nur?

– Du hast keine Ahnung, antwortete er. Liburnia war ein altes illyrisches Königreich. Du hast keine Ahnung.

– Es ist kalt, sagte sie nach einiger Zeit, laß uns hinuntergehen.

Es war nicht kalt, sondern warm, ein warmer Wind hatte sich erhoben über den steinigen Bergen, wo auf allen Gipfeln Steinhaufen zusammengetragen waren, alte Grabstätten der Illyrer. Dort mochte es jetzt stürmen, der Wind mochte um die Gipfel brausen, von dort trieb er die Wolken über das Wasser, hier aber löste er sich auf in weichen Dunst über dem Meeresspiegel, der auf einmal nicht ruhig wie eine Ölfläche dalag, sondern leicht gefurcht war, hier und da mit Schaumkrönchen. Das Mädchen im Schlafsack nahm noch ein paar hastige Züge aus der Zigarette und warf dann den glimmenden Stummel über Bord, ins Dunkel. Der Wind hielt ihn für einen Moment auf und zog ihn dann blitzschnell an der Bordwand nach hinten hinunter. Die zerzausten Haare verschwanden, sie zog die Schnur vom Schlafsack überm Kopf zusammen.

– Gehen wir hinunter, sagte er. Gehen wir jetzt wirklich.

Der Schwimmer

Er steht am Ufer und betrachtet das Meer. Die beiden Söhne schlafen, seine Frau liest ein Buch. Niemand braucht ihn, es gibt nichts zu tun. Er überlegt, die Bucht zu durchschwimmen. Das wäre eine schöne Anstrengung. Doch sofort beschleicht ihn die Angst, dass die Entfernung zu groß sein könnte. Er ist noch nie so weit geschwommen. Er schaut zu den Kindern und zu seiner Frau und denkt sich, dass sie aussehen wie eine Familie aus dem Katalog. Er blickt zurück aufs Meer und sieht, dass es in der Nachmittagssonne stellenweise golden glänzt. Erneut verspürt er Angst. Es ist ihm nicht recht, dass er so ängstlich ist.

Hinter seinem Rücken vernimmt er einen Gruß. Eine Freundin seiner Frau ist gekommen; sie hat ein Kind, das heute allerdings nicht dabei zu sein scheint. Sie trägt einen schönen Badeanzug und ist geschminkt. Vielleicht muss er deswegen daran denken, dass sie die einzige Frau ist, von der er weiß, dass sie ihren Mann betrogen hat. Wie schon so oft zuvor fragt er sich, warum es ihn so erstaunt, dass auch Frauen ehebrechen können. Begierde beschleicht ihn. Nun beschließt er endgültig, auf die andere Seite zu schwimmen. Obwohl er großen Durst hat, geht er nicht zurück zu den Frauen, sondern watet ohne zu zögern ins Meer und stößt sich ab.

Er schwimmt. Er bemüht sich, seine Armzüge korrekt und graziös aussehen zu lassen. Er überlegt, dass die Freundin seiner Frau eine begeisterte Schwimmerin ist und ihn für seinen Stil loben könnte. Die Erkenntnis, dass er sich ihre Bewunderung wünscht, enttäuscht ihn, und er fragt sich, warum er andauernd Beifall heischt. Doch dieses Selbstmitleid wird ihm schließlich zuwider, und mit einer zornigen Bewegung taucht er unter. Während er noch bei Kräften ist, macht er starke, lange Armzüge, doch als ihm langsam die Luft ausgeht, wird ihm bewusst, dass er tiefer getaucht ist als sonst, und als die Panik in ihm hochzusteigen beginnt, schwimmt er wieder an die Oberfläche. Nachdem er sich beruhigt hat, schaut er zurück und stellt fest, dass ihm niemand zusieht. Er schwimmt langsam weiter, hält wieder an; er blickt sich um und bemerkt, dass er der einzige Schwimmer ist.

Das Gefühl, dass er allein ist in diesem riesigen Wasserkörper, überwältigt ihn allmählich vollkommen und erfüllt ihn sowohl mit Angst als auch mit Wohlbehagen. Er versucht sich möglichst viele Details der Szene, in der er sich befindet, einzuprägen. Er will die Gigantik des Wassers, das ihn umgibt, und seine eigene Winzigkeit darin spüren. Er denkt an die Unzählbarkeit aller Erscheinungsformen des Lebens, die in diesem Ökotop existieren. Wahllose Bilder aus Dokus schießen ihm durch den Kopf, er sieht einen Fischschwarm, die großen Körper der Meeresräuber, wogende Pflanzen am Meeresgrund, Mikroskopaufnahmen von für das menschliche Auge nicht sichtbaren Organismen. Das Gefühl von Winzigkeit und Hilflosigkeit wird immer stärker. Er möchte das Gefühl von Euphorie und mystischer Verbundenheit mit der Natur in sich erwecken.

Er versucht, sich in die entsprechende Stimmung zu versetzen. Er dreht sich auf den Rücken, breitet die Arme weit aus und macht träge, langsame Ruderbewegungen. Mit geschlossenen Augen sieht er zum Himmel und beobachtet die Röte, die langsam auf der Innenseite seiner Lider erscheint. Das gedämpfte Knirschen des Meerwassers ist alles, was er hört, und er stellt sich vor, dass in seinen Ohren Salzkristalle zerspringen. Mit diesen Bildern ist er zufrieden. So verharrt er eine Weile. Als die Wasseroberfläche plötzlich aufwogt, schreckt er hoch. Er reibt sich die Augen und blickt um sich. Er sieht, dass das andere Ufer noch weit weg ist und dass er noch immer der einzige Schwimmer in der ganzen Bucht ist. Ihn durchzuckt die Befürchtung, dass es dafür womöglich einen Grund gibt und dass er vielleicht umkehren sollte. Aber er kann sich doch nicht sein Leben lang fürchten! Diese plötzliche Schlussfolgerung scheint ihm jämmerlich und lachhaft. Sie ist Nährboden für die zuvor empfundene Enttäuschung.

Um sie zu vertreiben, macht er wieder ein paar kräftigere Armzüge. Ihm behagt das Gefühl, dass er Wasser verdrängt und seinen Körper vorwärtsschiebt. Er öffnet die Augen unter Wasser, obwohl es brennt. Das Licht, das die Oberfläche durchdringt, geht von Blau in gelbliches Grün über, erreicht den Meeresgrund jedoch nicht. Erneut bekommt er Angst, die sich als Gedanke manifestiert, dass er in diesem Wasser sterben könnte. Als Kind hat er von jemandem gehört, der beim Schwimmen einen Krampf bekommen hat und ertrunken ist. Wahrscheinlich würde er in so einem

Fall selbst ertrinken; denn obwohl er schreien und man ihn hören würde, wäre es zu spät, um ihn zu retten – er ist zu weit weg von der Küste.

Er schwimmt weiter und öffnet beim Untertauchen die Augen nicht mehr. Er fantasiert, was nach seinem Tod passieren könnte: Die Kinder würden aufwachen, es wäre spät, seine Frau würde sich Sorgen machen, und schließlich würden sie wohl die Polizei rufen; man würde ihn nicht sofort suchen, weil schon Abend wäre; am nächsten Tag würden die Taucher kommen; die Strandbesucher würden ihnen zuschauen und sich fragen, was passiert war; jemand würde mutmaßen, dass sie einen Ertrunkenen suchten, und manchen würde es unangenehm kalt den Rücken hinunterlaufen; seine Frau würde die ganze Zeit weinen, sich an die Hoffnung klammern, dass er nicht ertrunken ist, und vielleicht würde sie sich schon Gedanken darüber machen, wie es weitergehen soll; auch die Kinder wären wegen der beunruhigten Mutter völlig außer sich und würden sich nicht von der Freundin hüten lassen, die ihren Mann betrog; die würde ihnen, um sie zu beruhigen, ein Eis kaufen.

Er überlegt, dass sie alle erst dann erkennen würden, wie viel er ihnen bedeutet hatte.

Dieser Gedanke, der ihm während seiner Adoleszenz so oft Trost und Wohlbehagen gespendet hatte, scheint ihm jetzt armselig. Schon wieder überwältigt ihn die Verzweiflung an sich selbst. Er fragt sich, warum er sich immer solchen Gedankengängen hingibt. Wütend spannt er seinen Körper an und beschleunigt. Doch er spürt sofort die Erschöpfung und ändert seinen Schwimmstil. Als er die Hände vor sich schließt, betastet er seinen Ehering. Er denkt daran, dass er von seinem Finger rutschen könnte. Vor seinem inneren Auge sieht er, wie der Ring langsam in die Tiefe fällt und in der Dunkelheit verloren geht, unter der irgendwo der Meeresgrund liegt. Er fragt sich, ob er einen Taucher anheuern würde, um ihn zu finden, und ob seine Frau das von ihm erwarten würde. Er versucht auszurechnen, ob der Taucher mehr kosten würde als ein neuer Ring, und kommt zu dem Schluss, dass die Wahrscheinlichkeit, dass der ihn finden würde, verschwindend gering wäre. Er erkennt, dass er längere Zeit deprimiert wäre, wenn er wegen dieser sentimentalen Symbolik so viel Geld ausgeben müsste. Seine Fantasie entwirft ein neues Szenario, und er sieht, wie ihm der Ring durch die Finger schlüpft, wie er ihm hinterhertaucht, mit schnellen Bewegungen in die Tiefe greift und versucht, ihn zu erwischen, jedoch vergebens.

Die Vision der Finsternis in den Untiefen erweckt in seinem Kopf das Bild eines Ungeheuers. Er stellt sich vor, wie dieses Wesen mit seinen blutrünstigen, wenn nicht sogar böswilligen Absichten sich mit schnellen und kräftigen Bewegungen aus der Tiefe erhebt und seinen mächtigen Schlund öffnet, um ihn zu packen. Sein Biss würde vom Brustkorb bis zu den Knien reichen; die Knochen würden brechen wie trockene Zweige, das Blut würde in einer roten Wolke verpuffen. Das Ungeheuer würde daraufhin wieder in der Dunkelheit verschwinden, die den Meeresgrund bedeckt, und ihn dort verzehren. Die Vorstellung bereitet ihm Unbehagen, gefällt ihm zugleich aber auch. Dann überlegt er, dass diese Bilderwelt aus Horrorfilmen geliehen ist und auch in manch anderem spontan aufkeimen würde, der unter Wasser die Augen öffnete, um den Meeresgrund zu sehen. Er sinniert, wie viel Angst er hätte, wenn es kein Fernsehen gäbe, und wie viel Angst die Menschen gehabt haben, bevor es Illustrationen und Bücher und Geschichten gab.

Dieser Gedanke scheint ihm originell, was ihn erheitert. Er hört auf zu schwimmen und dreht sich auf den Rücken. Er schließt die Augen und versucht sich die frühzeitlichen Schwimmer vorzustellen. Er sieht den Ersten, der es geschafft hat, sich an der Oberfläche zu halten und beschlossen hat, sich von den seichten Gewässern zu entfernen. Er hat das Gefühl, dass dessen Angst, als er in derselben Entfernung vom Ufer gewesen ist wie er selbst, der Angst des Seemanns ähnlich gewesen sein muss, der mitten im Ozean von seinem Schiff hinunter ins offene Meer gespült wird. Er lässt sich in dieses Bild fallen und geht in die Person dieses Seemanns über. Die Zufriedenheit über seine eigene Fantasie wächst. Er versucht erneut, sich die Unermesslichkeit des Wassers vorzustellen, das ihn umgeben würde, und seine Winzigkeit und Unwichtigkeit in dem biotischen Reichtum der Ozeane zu erspüren. Anschließend stellt er sich den Himmel vor, der sich über ihm wölben würde, und die Kraft der Elemente, die in ihm schlummert. Er denkt wieder an den Schwimmer aus der Vorzeit und ist erfüllt von Bewunderung für ihn, da er trotz solcher Angst schwimmen konnte. Er sieht ein, dass er selbst das seichte Wasser nicht verlassen hätte, wenn er demselben Stamm angehört hätte. Damals haben wahrscheinlich nur jene zu schwimmen gewagt, die in sich den starken und reinen Wunsch danach verspürt haben, wohingegen er nicht weiß, ob der Wunsch, die Bucht zu durchschwimmen, sein eigener ist oder von außen inspiriert wurde.

Das Geräusch eines Schiffsmotors lässt ihn zusammenzucken. Ruckartig dreht er sich von der Rückenlage in die Schwimmposition. Er sieht, dass der Motor der unweit von ihm liegenden Jacht gestartet wurde, wahrscheinlich, um die Bucht zu verlassen. Er sieht sich um und stellt fest, dass er noch immer der einzige Mensch im Meer ist. Der Motor wird auf Touren gebracht, ein schrilles Geräusch ertönt. Der Schwimmer empfindet das als unangenehm; Benzingeruch dringt in seine Nase. Er beobachtet den Steuermann, der das Schiff aus der Bucht führt, und er hat das Gefühl, dass er ihn nicht bemerkt hat. Er schwimmt weiter, und währenddessen erscheint vor seinem geistigen Auge ein neues Bild. Er stellt sich vor, wie sich ihm die Jacht nähert, während er schwimmt; der Steuermann sieht ihn nicht, und er selbst erkennt die Gefahr zu spät, um sich retten zu können. Das Bild geht in die langsame Aufnahme einer Szene über, in der rotes Blut sich im Blaugrün des Meeres ausbreitet und langsam verblasst, während Fetzen aus Haut und Stoff im Wasser treiben, durchglüht von der Sonne. Er bricht die Imagination abrupt ab. Die Selbstverständlichkeit, mit der sich solche Fernsehbilder in sein Bewusstsein drängen, widerstrebt ihm. Er fragt sich, warum sich seine Angst ausgerechnet in solchen Bildern manifestieren muss, die er eigentlich ungern sieht, und warum er überhaupt Angst haben muss. Um das aufsteigende Gefühl von Jämmerlichkeit zu vertreiben, beginnt er wieder schneller zu schwimmen. Er wird müde. Er spürt die starke Sonne vom Himmel brennen.

Nach kurzer Zeit glaubt er, Rufe zu hören. Er hält an und sieht sich um. Ganz in der Nähe sieht er jemanden, der sich in einer Notlage zu befinden scheint. Er erkennt, dass es ein Mann ist und dass er wahrscheinlich ertrinkt. Von jäher Aufregung gepackt, schwimmt er auf ihn zu. Während er sich ihm nähert, hat der Ertrinkende aufgehört zu rufen. Er ist in seinen späten mittleren Jahren, dick, ziemlich behaart und hat einen grauen Bart. Für einen kurzen Augenblick erinnert er ihn an seinen Vater. Der Mann stößt seinen Kopf immer wieder nach oben, um über der Wasseroberfläche zu bleiben, er öffnet stumm den Mund und rudert unter sichtbarer Anstrengung wie ein kranker Vogel langsam mit den Armen. Der Schwimmer begreift, dass er schnell handeln muss, zögert jedoch kurz. Er streckt sich in die Höhe, um zu sehen, ob noch jemand in der Nähe ist, der helfen könnte. Doch in der ganzen Umgebung gibt es nur sie beide. Er versucht panisch zu beurteilen, warum der Mann Schwierigkeiten hat – schließlich muss er schwimmen können, wenn er sich so weit vom seichten Wasser entfernt hat. Da sieht er, dass er nur noch mit den Händen über der Oberfläche treibt, und er schwimmt mit aller Kraft auf ihn zu. Er folgt einem früher einmal gesehenen Bild, das er instinktiv vor sich hat, dass man sich einer ertrinkenden Person von hinten nähern muss. Doch als er den Ertrinkenden erreicht, beginnt dieser plötzlich nach ihm zu fassen, bis er ihn schließlich an der Hand packt.

Der Schwimmer gerät in Panik; er versucht, sich an der Oberfläche zu halten und hinter den Rücken des Ertrinkenden zu kommen. Bald merkt er, dass ihn seine Kräfte rasch verlassen. Ihm schießt durch den Kopf, dass er mit diesem

Mann, den er zu retten versucht, zusammen ertrinken wird. Er ruft ihm mehrere Male vergeblich zu, dass er sich beruhigen soll. Doch sein Griff ist eisern, der Schwimmer kann sich nicht daraus befreien. Schließlich ändert er seine Position; er dreht sich mit dem Hintern zum Ertrinkenden und beginnt wie wild zu strampeln. Er spürt, wie seine Tritte zuerst einige Male auf eine weiche Fettschicht treffen und zu guter Letzt auf Knochen. Daraufhin wird der Griff abrupt lockerer, der Schwimmer bekommt einen Adrenalinstoß und schwimmt in Richtung Ufer davon. Bevor er das seichte Wasser erreicht, hält er an und dreht sich um; er sucht die Oberfläche ab, doch sie ist an keiner Stelle aufgewühlt. Er denkt, dass er zurückschwimmen müsste. Er versucht sich zu erinnern, wo er den Ertrinkenden gesehen hat, doch er ist sich nicht mehr sicher. Er schwimmt unentschlossen auf der Stelle. Plötzlich beschleicht ihn die Angst, dass der Ertrinkende irgendwie zu ihm treiben und ihn in einem letzten Vortodesreflex unter Wasser am Fuß packen und mit sich auf den Meeresgrund hinunterziehen könnte. Trotzdem schwimmt er noch eine Weile auf der Stelle und beobachtet. Die Oberfläche ist ruhig. Außer dem kaum merklichen Schaukeln der vor Anker liegenden Schiffe regt sich nichts. Er dreht sich zur Küste um und erreicht völlig erschöpft das Kiesufer.

Er sitzt auf den heißen Kieselsteinen und sucht mit zusammengekniffenen Augen die Bucht ab. Kein Mensch ist im Wasser, auf den Decks der vor Anker liegenden Schiffe bewegt sich nichts. Eine jähe Angst packt ihn, und in seiner Panik dreht er sich um. Erleichtert stellt er fest, dass der Strand leer ist. Er steht auf, um noch am Waldrand nachzusehen. Einige Schritte vom Ufer entfernt kann er noch immer keine Menschenseele ausmachen. Erschöpft tut er das, was er sofort tun wollte, nachdem er ans Ufer geschwommen war – er setzt sich hin, stützt die Ellbogen auf den angezogenen Knien ab und lehnt seine Stirn dagegen. Er schließt die Augen und hört sich selbst zu, wie er schnauft. Schon wieder beschleicht ihn das Gefühl, dass er denselben Eindruck vermittelt, der in ähnlichen Szenen in Kinofilmen erzeugt wird, in denen das schwere Atmen des Hauptdarstellers die übrige Geräuschkulisse übertönt. Seine Gedanken stapeln sich chaotisch übereinander. Er kehrt zu dem Moment des Ertrinkens zurück und rekapituliert ihn. Er sieht sich, wie er anders reagiert: mit mehr Kraft und Geschick, beherrscht und ruhig, ohne Panik und Angst.

Diese vorübergehende Zerstreuung wird von einer neuen Befürchtung unterbrochen. Er beginnt, über die praktischen Aspekte seiner Situation nachzudenken. Er stellt fest: Ein Mensch ist gestorben; wahrscheinlich, bestimmt besteht die Pflicht, das zu melden; also Polizei; er muss also sofort zurück und anrufen; wahrscheinlich wird er am Strand auf sie warten müssen, damit sie den Lokalaugenschein vornehmen können; dann wird er auf die Station müssen, wo sie ihn wieder verhören und ein Protokoll erstellen werden. Er wird panisch. Ihm wird nämlich bewusst, dass er erklären wird müssen, warum er ihn getreten hat: Das wird er nicht verschweigen können, weil sie bestimmt eine Obduktion machen werden. Er erkennt, dass die ganze Sache fatal und unglücklich kompliziert werden könnte. Er steht hastig auf. Voller Angst, die seinen ganzen

Körper zum Kribbeln bringt, blickt er sich um. Er greift sich an den Kopf, er macht ein gepeinigtes Gesicht. Ihm fällt ein, dass er so eine Reaktion aus Filmen kennt, doch sofort verdrängt er diesen penetranten Gedanken. Er setzt sich wieder hin und atmet tief, um sich zu beruhigen. Er versucht, seinen früheren Gedanken weiterzuspinnen. Es scheint ihm äußerst wahrscheinlich, dass die Polizei gegenüber einem Fremden, der einen Ertrinkenden getreten und ihm, sagen wir mal, das Genick gebrochen hat, argwöhnisch sein wird. Er sagt sich, dass man nie weiß, was für ein Mensch der Ermittler ist und wie er die Sache sieht: Vielleicht wird sein Verhalten als unterlassene Hilfeleistung oder so etwas gewertet, ein Prozess begonnen und er schließlich verurteilt oder sogar eingesperrt, vielleicht für mehrere Jahre.

Ihm fällt auf, dass sein ganzer Körper verkrampft ist. Er hebt den Blick und beobachtet die Bucht. Niemand zu sehen. Das Tageslicht ist mit den ersten Nuancen des Abends durchzogen. Unvermittelt beschließt er, dass er das Ertrinken nicht melden wird. Er tröstet sich damit, dass seine Anwesenheit für den Tod des Ertrinkenden keinerlei Unterschied gemacht hat, dass er Zeuge eines Vorfalls war, der den gleichen Verlauf und Ausgang genommen hätte, wenn er nicht dabei gewesen wäre. Er klammert sich fest an diesem Gedanken und an der Ahnung einer Erleichterung, die eine Flucht aus dieser Situation mit sich bringen würde. Er verspürt den Drang, sich ins Wasser zu stürzen und so schnell wie möglich fortzuschwimmen. Doch er steht nicht auf. Der Gedanke, dass die Ermittler doch irgendwie feststellen werden, dass er beim Ertrinken dabei war, wurmt ihn. Er kann das nicht zur Gänze ausschließen: Obwohl er selbst niemanden gesehen hat, kann er sich nicht sicher sein, dass ihn niemand bemerkt hat. Und durch die Flucht vom Unglücksort würde er bei den Ermittlern nur noch schlechter dastehen.

Er stürzt sich kopfüber in die Verzweiflung. Sein Körper verkrampft sich erneut, er kämpft mit den Tränen. Um sich zu beruhigen, hebt er seinen Kopf, der auf den Unterarmen ruhte. Er atmet tief ein, die Weinerlichkeit vergeht. In der ganzen Bucht ist noch immer keine Menschenseele zu sehen. Er wundert sich, dass die Umgebung so ruhig sein kann. Ihm ist, als würde er ein Bild des Meeres ansehen, ein Landschaftsbild, nicht das Meer selbst. Er sieht sich selbst, wie er reglos am Strand sitzt und Teil dieses Bildes ist. Er verliert sich in den Details auf der Leinwand und überlegt, dass darauf auch ein Ertrinkungstod angedeutet sein könnte, den jedoch niemand erkennen würde. Die Zufriedenheit angesichts dieses Gedankengangs klingt angenehm in seinem Bewusstsein nach.

Bald darauf schreckt er hoch, ihm kommt in den Sinn, dass er jetzt die Flucht ergreifen müsste, solange noch niemand hier ist. Er zögert und wägt ab. Wieder hat er den Eindruck, dass er den Vorfall dennoch melden müsste. Er realisiert nämlich, dass die Leiche früher oder später an die Oberfläche schwimmen wird. Er überlegt, wie lange so etwas dauert und dass er das weder jemanden fragen noch im Internet nachsehen darf, weil man ihm auf die Spur kommen könnte. Die Vision der Leiche, die sich, wie er glaubt, aufblähen wird, beunruhigt ihn. Er stellt sich vor, wie ihn, während er zurückschwimmt, der Ertrunkene mit seinem aufgeblähten Bauch streift, als er aus den Untiefen aufsteigt. Dieses groteske Bild und sein Zaudern stürzen ihn wieder in die Verzweiflung. Seine Augen füllen sich mit Tränen, die er diesmal nicht zurückhält. Murmelnd fragt er sich, warum er so törichte Gedanken denkt. Er schlägt sich mit der Faust gegen die Stirn und weint.

Da berührt ihn jemand sacht an der Schulter. Er zuckt so stark zusammen, dass er fast aufspringt. Hinter ihm stehen zwei junge Männer. »Are you alright?«, fragt ihn der, der ihn berührt hat. »Yes, yes«, antwortet er und wischt sich die Tränen von den Wangen. Ihm ist klar, dass sein Gesichtsausdruck wahrscheinlich vom Gegenteil zeugt, weshalb er versichert: »It's nothing, don't worry, thank you.« – »Okay«, sagt der junge Mann und macht einen Schritt zurück. Es sieht aus, als wollte er weitergehen, doch er zögert, als wollte er noch etwas fragen. Er betrachtet den Sitzenden noch eine Weile, dann lacht er verlegen und sagt: »I am sorry to bother you, have a nice day.« Der andere Mann, der einige Schritte entfernt steht, hebt leicht die Hand zum Abschied. Er wartet auf seinen Begleiter, dann gehen die beiden ins Wasser und kraulen elegant von der Küste fort.

Der Schwimmer sieht ihnen nach. Er hat den Eindruck, dass sie direkt auf die Unglücksstelle zuschwimmen. Er erstarrt und spürt Panik in sich aufsteigen. Gut möglich, dass die Leiche nicht auf den Grund gesunken ist, sondern irgendwo unter der Wasseroberfläche treibt. In seinem Kopf spielt sich ein Film ab: Der junge Mann schwimmt und streift unter Wasser eine Hand, die die Leiche in Richtung Oberfläche ausstreckt. Die Vision wird von einem Rufen auf einem der nahen Schiffe unterbrochen – »Idioten!«, schreit eine erwachsene Stimme aus dem Unterdeck einer feinen Jacht, von wo zwei Jungen, wahrscheinlich Brüder, einen großen Elektrogrill an Deck zerren, wobei irgendetwas polternd zu Boden gefallen und zerbrochen ist. Dann hört der Schwimmer weitere Stimmen hinter sich. Er steht ruckartig auf und dreht sich um. Ein junges Paar nähert sich dem Strand: Er ist behängt mit Taschen, während sie überlegt, wo sie Platz nehmen sollen, wobei sie unzufrieden eine Familie mit Baby beäugt, die sich in der Nähe platziert hat. Ein Schrei ertönt. Er denkt sofort, dass jemand die Leiche gefunden hat. Er dreht sich panisch um. Schließlich begreift er, dass es sich um einen Freudenschrei gehandelt hat. Ein langhaariger Junge ist von einem Segelboot, das womöglich unweit der Stelle des Ertrinkens vor Anker liegt, ins Wasser gesprungen. Er schreit vor Begeisterung und fordert die anderen auf, ihm zu folgen. Dann beginnt er zu fluchen, weil er bemerkt, dass er mit seiner Sonnenbrille ins Wasser gesprungen ist. Die anderen lachen, während er danach taucht. Der Schwimmer lässt ihn nicht aus den Augen und hält den Atem an. Schließlich springen auch seine beiden Freunde kreischend ins Wasser, worauf der Junge aufhört zu suchen. Sie beginnen, sich gegenseitig unterzutauchen.

Jemand prallt von hinten gegen ihn. Ein kleines Mädchen, das ein aufblasbares Krokodil vor sich herträgt, entschuldigt sich und läuft weiter aufs Wasser zu. Der besorgte Vater des Mädchens kommt hinterhergerannt. Er folgt den beiden unwillkürlich mit seinem Blick, der anschließend auf die andere Seite der Bucht gleitet.

Er bemerkt, dass nun auch das gegenüberliegende Ufer bevölkert ist. Zwischen den Badegästen erkennt er eine weibliche Gestalt, die zum Waldrand hinuntergeht, von dem das Ufer bröckelt. Aufgrund ihrer typischen Körperhaltung weiß er, dass es sich um seine Frau handelt. Sie schirmt ihre Augen mit der Hand ab und mustert das gegenüberliegende Ufer der Bucht. Sie erkennt ihn. Sie winkt ihm, dass er zurückkommen soll.

JOSEF HASLINGER

zugvögel

in einer imbissstätte, die von einem campingwagen aus betrieben wurde, saß ein mann zurückgelehnt in einem schä-
bigen stuhl und genoss den sonnenuntergang. er war den
ganzen tag lang damit beschäftigt gewesen, die bahn eines
himmelskörpers zu berechnen, den er in der nacht davor
entdeckt hatte. die computeraufzeichnungen waren ausrei-
chend genau, um aus dem verhalten des lichts rückschlüsse
auf die form des objekts zuzulassen. der himmelskörper
war ein asteroid, groß genug, dass man sein im vorbeiflug
der erde zugewandtes oval an einem tag nicht hätte durch-
wandern können. die berechnungen ergaben, dass er eine
einbuchtung haben musste und von einer trümmerwolke
umgeben war. der astronom führte das auf eine kollision
zurück, die dem objekt erst kürzlich, in den letzten jahrtausenden, widerfahren war. für diese annahme sprach auch
die hohe rotationsgeschwindigkeit. der asteroid benötigte
für eine drehung um die eigene achse nur etwa fünf stunden.

neben sich hatte der astronom eine karaffe wein und
einen teller mit muschelschalen stehen. die einfache imbissstätte war erst vor kurzem eröffnet worden. sie gehörte
janica, einer schwarz gekleideten frau um die fünfzig. es
gab keine speisekarte, es gab auch nichts zu bestellen. es

gab nur das, was janica auf den tisch stellte, wein, wasser und eine speisenfolge, deren einzelne gänge im voraus nur ihr allein bekannt waren. der astronom hielt das glas in der hand und beobachtete uns, als wir kamen. er hatte senkrechte stirnfalten.

igor, ein schauspieler, bei dem ich zu gast war, hatte mich hierher gebracht. wir hatten nach rovinj fahren wollen. wegen eines staus an der hauptstraße hatte er sich zu einem umweg durch die küstendörfer entschlossen. igor war eigentlich nur aus neugier stehen geblieben. er wollte wissen, ob nun jeder hier einfach seinen wohnwagen abstellen und sich als gastwirt ausgeben kann. ein handbeschriebenes holzschild hatte diese andeutung von einem campingplatz als restaurant ausgewiesen.

als janica meinen freund igor erblickte, ließ sie alles stehen und lief auf ihn zu.

janica! rief igor. janica, was machst du hier?

das ist mein restaurant, sagte janica. sie umarmte ihn und legte dabei den kopf an seine brust. igor nahm ihren kopf in beide hände. seit wann bist du hier? ich dachte, du lebst in der schweiz.

ich wusste auch nicht, dass du zurück bist, sagte janica.

igor drückte diese fast bäuerlich wirkende, schwarz gekleidete frau eng an sich. einen moment lang war es, als würde sie zu weinen beginnen. sie fing sich aber schnell und fragte: wo lebst du jetzt?

in wien.

er ließ janica los und stellte mich vor.

janica sagte auf deutsch: ach schau, ein österreicher. dann wandte sie sich wieder igor zu.

wann bist du weg?

die antwort von igor war fast ein wenig schnippisch: ich bin nicht, so wie du, vor vierzehn, sondern erst vor vier jahren fortgegangen.

sie war einen moment irritiert und sagte, du musst mir alles erzählen. ich komm dann zu dir an den tisch. aber jetzt habe ich koteletts in der pfanne. sie holte aus einem verschlag zwei campingstühle hervor, klappte sie auf und stellte sie an einen der drei tische. es war der tisch, an dem der mann mit den senkrechten stirnfalten saß. dann verschwand sie im dampfenden wohnwagen.

der astronom stand auf, um uns die hand zu geben. er war um die vierzig und trug ein kurzärmeliges hemd.

my name is zlatko, sagte er.

janica brachte eine karaffe wein und gläser.

trinken sie auch wein? fragte sie mich.

wein und wasser, sagte ich.

wasser dauert noch.

sie nahm den teller mit den muschelschalen und wischte mit ihren groben händen über den tisch. ich muss mirjana verständigen, sagte sie. während sie wegging, hörten wir sie noch einmal sagen: ich muss mirjana verständigen. durch das wohnwagenfenster war zu sehen, dass sie an einem handy herumdrückte. sie telefonierte so laut, dass jeder es hören konnte. was glaubst du, wer da ist, schrie sie aufgeregt ins telefon. nein, ich sags dir nicht, du musst selbst sehen. nein, ich sags dir nicht. komm vorbei, wirst schon sehen.

während sie sprach, schaute sie immer wieder zu igor herüber.

ich hatte igor in wien kennen gelernt. er war schauspieler. an mehreren abenden hatte er mir lang und breit seine geschichte erzählt. seit er sich in einem interview nicht als kroate, sondern als jugoslawe bezeichnet hatte, war er in keinem kroatischen film mehr zu sehen gewesen. in der kroatischen presse war eine lange auseinandersetzung um ihn geführt worden. wenn man seine wiener wohnung betrat, sah man als erstes diese zeitungsausschnitte. sie lagen auf der kommode im vorzimmer. igors glück war, dass er vor dem krieg einmal in einem deutschen krimi gespielt hatte. es war ihm gelungen, die alten kontakte wieder aufzunehmen. nun drehte er vor allem in österreich und deutschland.

igor hatte zwei ehen hinter sich. er war nach pula gefahren, um die aus seiner zweiten ehe stammende zwölfjährige tochter zu treffen, und hatte mich eingeladen, ihn zu begleiten. wir wohnten in seinem alten zweizimmerapartment. ich sah mir die stadt an, er traf sich mit freunden und ging mit seiner tochter an den strand. am abend gingen wir gemeinsam aus. um mir seine geschichte nicht noch ein weiteres mal anhören zu müssen, versuchte ich möglichst schnell mit dem mann ins gespräch zu kommen, an dessen tisch wir platz genommen hatten. wir sprachen englisch miteinander, obwohl zlatko auch deutsch hätte sprechen können. er hatte zwei jahre in graz studiert. er sagte, er erinnere sich gerne an seine grazer zeit. was beruflich aus ihm geworden sei, verdanke er graz. damals sei der komet shoemaker-levy 9 in das gravitationsfeld des planeten jupiter geraten und in 21 große teile zerbrochen, die gegen ende seiner grazer zeit in der dichten atmosphäre des jupiter auf-

schlugen. dabei seien feuerbälle, größer als die erde, zu beobachten gewesen. um uns zu zeigen, wie chancenlos der
komet war, der vom großen planeten regelrecht aufgefres-
sen wurde, ließ er das weinglas um die karaffe kreisen, um
es schließlich darin zu versenken, wobei es allerdings stecken blieb.

shoemaker-levy 9, sagte zlatko, war mein stern von graz.
er hat mir den weg gewiesen. damals habe ich begonnen,
mich auf asteroiden und meteoroiden zu spezialisieren. sie
sind meine haustiere geworden. ein bestimmtes segment
des asteroidengürtels lässt sich von istrien aus besser beobachten als von jedem anderen punkt der erde.

zlatko lud uns ein, ihn in seinem observatorium zu
besuchen. es sei in der nähe von poreč, allerdings etwas
schwierig zu finden. er werde uns den weg aufzeichnen.

igor fragte, wie viele von diesen asteroiden gibt es eigentlich?

unzählige, antwortete zlatko. wenn wir nur diejenigen
nehmen, die mindestens einen kilometer durchmesser
haben, dürfte es allein zwischen den bahnen der planeten
mars und jupiter eine gute million davon geben. von den
ganz kleinen gar nicht zu reden.

wir saßen eine weile schweigend da.

daran wird die welt zugrunde gehen, sagte igor.

möglich, antwortete zlatko. es sind sicher ein paar ti-
ckende bomben darunter.

und dann erzählte er von dem asteroiden, den er in der
nacht davor entdeckt hatte. er werde der erde von begegnung zu begegnung näher kommen. bei der 22. begegnung
könnte seine bahn die erdbahn kreuzen. er ist groß genug,

sagte zlatko, um die atmosphäre zu durchdringen. wenn er im meer einschlägt, kann das ein ordentlicher tsunami werden. da wäre es ganz gut, in den bergen zu wohnen.

zlatko hatte seine diplomarbeit über tsunamis in der folge von meteoriteneinschlägen geschrieben. später hatte er über dieses thema oft vorträge gehalten.

ihr könnt aber hier ruhig noch eine weile sitzen bleiben, sagte er. unser freund benötigt für seine umlaufbahn 258 jahre. die 22. begegnung wird also erst in 5676 jahren stattfinden.

er wartete ein wenig den eindruck seiner stegreifmathematik ab, dann fügte er hinzu:

wir könnten ihm heute abend gemeinsam einen namen geben.

taufen wir ihn erlöser, sagte ich.

das kann nur schief gehen, meinte igor. da richten sich zu viele hoffnungen auf ihn. tauf ihn lieber marilyn.

zlatko lachte. vor 30 jahren, sagte er, haben sie eine marilyn nach der anderen getauft. heute wollen sie von den frauennamen wegkommen, weil das ganze firmament mittlerweile mit frauen übervölkert ist.

und dann begann zlatko von einer gescheiterten mission der europäischen raumfahrt zu erzählen, die ihm, wie er sagte, unendlich wertvolle informationen über genau jenes himmelssegment geliefert hätte, auf das er spezialisiert sei. während er seine gabel als ariane 5-plus-rakete starten und gleich darauf im sand abstürzen ließ, erhoben sich zwei gäste, um, wie es schien, am strand spazieren zu gehen, und während zlatko uns vorführte, wie ein weinglas namens rosetta auf einer karaffe namens wirtanen hätte landen sollen, durch das raketenunglück aber den letztmöglichen starttermin versäumt habe, merkte ich, dass die gäste nicht spazieren gingen, sondern hinter den am strand liegenden felsbrocken ihr wasser abschlugen.

hör mal, igor, rief janica zu uns herüber, mirjana wird kommen!

tatsächlich? mirjana? ich habe sie nicht gesehen, seit ihr weggegangen seid. da war sie zehn jahre alt.

elf, korrigierte janica.

irgendjemand hat mir erzählt, mirjana lebt in kanada.

das stimmt auch, sagte janica. aber diesen sommer ist sie hier.

sie kam mit einer karaffe wein aus dem wohnwagen, stellte sich hinter igor und legte ihm eine hand auf die schulter. igor nahm die hand und drückte sie an seine wangen.

wir taufen gerade einen stern nach dir, sagte er.

einen stern?

mehr so einen klumpen aus eisen und stein, sagte zlatko.

ich will nicht, dass ein klumpen nach mir benannt wird. wenn, dann ein leuchtender stern. sie entriss igor ihre hand, hob sie theatralisch an und ließ sich selbst als stern leuchten.

tut mir leid, sagte zlatko. für einen stern bin ich eine nummer zu klein. ich bin nur für die klumpen zuständig.

sie brachte die karaffe wein zum nebentisch und ging in den wohnwagen zurück. igor sagte: ihr mann war ein bekannter schauspieler.

was ist aus ihm geworden? fragte zlatko.

er ist verschwunden. du hast vielleicht von ihm gehört. ivo radić.

das ist die frau von ivo radić? ist das wahr? zlatko war plötzlich ganz aufgeregt.

ja, sagte igor. auch sie ist einmal schauspielerin gewesen. janica und mirjana sind im sommer 1991 weggegangen. ivo hat darauf gedrängt, dass sie fortgehen. er hat über das schauspielhaus in zürich eine erste bleibe in der schweiz organisieren können. er selbst aber wollte unbedingt hier bleiben. wir haben damals noch gemeinsam in filmen ge-spielt, er die hauptrolle, ich den siebten zwerg. es ärgerte ihn, dass janica in der schweiz keine rolle bekam. aber sie hat ja auch hier kaum noch gespielt, seit sie mirjana hatten. er schickte ihr geld. janica musste in der schweiz andauernd kontoauszüge vorlegen. sie kam bald in schwierigkeiten, denn ivo radić hörte zu spielen auf. mir war das zunächst gar nicht aufgefallen. erst als ich ihn eines tages zufällig in pula auf der straße traf und ihn fragte, wie es janica und mirjana gehe und was er gerade drehe, da sagte er, dass sich das alles nicht im vorbeigehen beantworten lasse. wir haben uns dann in das café gegenüber von der castropola-buch-handlung gesetzt. er erzählte mir, dass er nicht mehr spiele, sondern im moment wichtigeres zu tun habe. janica habe in davos arbeit gefunden, bei thomas mann sozusagen. er wirkte entspannt und zuversichtlich. er sagte, er werde bald nach bosnien gehen. ich habe ihn gefragt, hast du dich zur armee gemeldet, und er hat geantwortet, so ähnlich kann man das sagen. aber er wollte mir nicht verraten, was genau er in bosnien machen werde. er tat so, als wüsste er es selber noch nicht, es war ja kriegsrecht, da traf man immer wieder leute, die speziellen aufgaben nachgingen. man musste ein-fach vertrauen, dass sie etwas nützliches und wichtiges taten. wir saßen vielleicht eine stunde zusammen, dann hatte er es eilig. es war meine letzte begegnung mit ivo radić.

ivo radić, flüsterte zlatko. ich habe ihn verehrt. er war der unbestechliche, der mann, der sich nicht kaufen lässt. der keine konfrontation scheut und sich letztlich durchsetzt. ich habe nach dem kino seinen gang nachgemacht. diese vorgezogenen schultern, sagte zlatko, stand auf und ging ein stück in king-kong-manier auf und ab. du erinnerst dich, sagte er. wenn der durch einen film geschlurft ist, war er nicht aufzuhalten. das war ivo radić.

igor sagte, vielleicht wollte er auch in wirklichkeit so sein.

doch mit einem mal schien igor das interesse verloren zu haben, weiter über ivo radić zu reden. als zlatko erneut von ihm anfing, sagte er, klar, er war ein großer schauspieler, ein bisschen manieriert vielleicht, aber das ist lange her.

doch zlatko gab nicht auf und fragte: ist er den serben in die hände gefallen?

ich weiß es nicht, sagte igor. frag janica. er ist verschwunden, das ist alles, was ich weiß.

janica hatte begonnen, aus dem wohnwagen neue teller und schüsseln herauszutragen. sie blickte immer wieder zu uns herüber, mit unverkennbarer freude, igor wiederzusehen.

ich fragte zlatko: wie viele himmelskörper hast du eigentlich schon entdeckt?

genau genommen war es jetzt der 314. diese zahl wird der erste teil des namens sein. das habe ich immer so gemacht. zuerst die ordnungszahl in der reihe meiner entdeckungen, dann ein vorname.

314 zlatko, sagte ich.

zlatko lachte. ich muss gestehen, ich habe gleich meinen ersten asteroiden nach mir benannt. 1 zlatko. ja, den gibt es. mittlerweile gibt es auch noch einen 67 zlatko und einen 211 zlatko. beide stammen nicht von mir.

zlatko kam erneut ins reden. er sagte, dass er sich bislang erfolgreich weigere, seine findlinge nach jenem schema zu katalogisieren, das sich in den letzten jahrzehnten eingebürgert habe. zuerst das jahr der entdeckung, danach eine buchstaben- und zahlenfolge. welche buchstaben und zahlen es sein sollten, das ließe sich auf einer amerikanischen website erfragen. der name, der dieser systematik zufolge fällig wäre, laute – und hier zog igor einen zettel aus der brusttasche des hemdes, dann las er vor: 2004 YN6. er habe sich den namen sicherheitshalber notiert, falls er bis morgen keinen besseren finde.

ivo radić, sagte ich. wäre das nicht ein guter name für den asteroiden? dann wäre er nicht ganz so ein verlorener.

zlatko hatte einwände: vor- und nachname zusammen, das geht leider nicht. ivo habe ich schon getauft, für ivo andrić. und radic könnte missverstanden werden. es ist nicht meine aufgabe, die nationalheiligen unserer regierung abzusegnen.

es muss unbedingt ein frauenname sein, sagte igor. wenn schon marilyn nicht geht, wie wäre es mit sophia?

was hab ich mit sophia zu schaffen?

dann tauf ihn nach einer frau, die du kennst, nach einer freundin.

im moment, sagte zlatko, habe ich keine freundin, und die ehemaligen bin ich alle durch. den namen egle habe ich sogar zweimal verwendet, 17 egle und später noch einmal 83 egle, weil unsere liebschaft einen rückfall hatte. und dann habe ich auch noch ein paar frauen dazugenommen, die ich in wirklichkeit nie gekriegt habe.

das kann ja noch werden, meinte igor. sag mir, wer sie sind, und ich streue in der stadt ein paar hinweise.

diese frauen sind leider verheiratet.

was heißt verheiratet, fuhr igor auf. wenn die erfahren, was du für sie getan hast, und sie verlassen nicht augenblicklich ihren mann, sind sie deiner nicht würdig.

in diesem moment lachte ein weißhaariger mann am nebentisch hell auf, die anderen stimmten mit ein. wir drehten uns zu ihnen hinüber, merkten aber schnell, dass sie aus ganz anderen gründen gelacht hatten.

die wirtin kam mit einer pfanne lammkoteletts. sie ging von tisch zu tisch und verteilte das fleisch auf die teller. aus der ferne war das heulen eines mopeds zu hören.

das ist sie, sagte janica. das ist mirjana.

sie ließ die pfanne bei uns am tisch stehen und holte aus dem wohnwagen noch einen zusätzlichen teller und einen campinghocker. das moped wurde lauter. es fuhr den waldweg entlang und kam an den strand. darauf saß eine junge frau mit schwarzen, zu einem pferdeschwanz gebundenen haaren. sie trug keinen sturzhelm. in ihrer aufrechten haltung, mit durchgestrecktem rücken, wirkte sie groß und schlank. die schräg über ihren oberkörper verlaufenden riemen einer umhängetasche ließen ihre brüste deutlich hervortreten. obwohl sie durch sand fuhr, hatte sie keine mühe, eine hand von der lenkgabel zu nehmen und ihrer mutter zuzuwinken. sie lehnte das moped an den wohnwagen.

mirjana, rief ihre mutter und klopfte dabei auf den campinghocker. hier, mirjana.

während sie langsam auf uns zuschlenderte, schob sie den tragriemen der tasche über den kopf. igor ging ihr entgegen. sie standen sich eine weile gegenüber.

onkel igor, sagte mirjana, der böse onkel igor.

mirjana, sagte igor. du warst doch gerade noch ein kleines mädchen.

sie umarmten sich.

warum böse? fragte igor.

das hat mein vater immer gesagt. weil du jedes mal mit einer anderen frau zu uns gekommen bist.

igor stellte uns vor. über zlatko sagte er, dass er ein weltberühmter astronom sei und dass wir gerade dabei seien, einen namen für einen planeten zu finden, den er entdeckt habe.

nur ein asteroid, sagte zlatko.

ich mach das, sagte mirjana. ich habe in kanada einen freund, der wird den namen auspendeln. zlatkos senkrechte stirnfalten zogen sich ein wenig zusammen. mirjana setzte sich auf den hocker, nahm tabak aus ihrer umhängetasche und begann sich eine zigarette zu drehen.

warum sollte man das auspendeln? fragte zlatko.

mirjana sah ihn überrascht an. warum nicht? man kann einem planeten doch nicht irgendeinen namen geben, sondern man muss herausfinden, welcher name der seine ist.

aber er hat ja noch keinen namen, sagte zlatko.

woher wollen wir das wissen, entgegnete mirjana. wir wissen nur, dass wir seinen namen nicht kennen, aber wir wissen nicht, ob er schon einen hat.

nein, er hat keinen, sagte zlatko. er ist noch nicht registriert. ich bin die datenbank des gesamten segments durchgegangen. es wäre ja eine riesige blamage, wenn ich ein objekt anmelde, das schon ein anderer beschrieben hat.

mirjana hatte mittlerweile ihre zigarette zu ende gedreht. sie zündete sie an, stieß den qualm aus und nahm gleich danach einen tiefen, genussvollen zug. während sie den rauch langsam entweichen ließ, zupfte sie einen tabakkrümel von den lippen.

lasst euer fleisch nicht kalt werden, rief janica uns zu. sie eilte zwischen dem wohnwagen und den tischen hin und her, um die beilagen zu servieren. der weißhaarige mann am nebentisch schloss beim kauen hingebungsvoll die augen. janica, rief er, du bist mit gold nicht aufzuwiegen. für einen moment unterbrach janica ihr unentwegtes hantieren. ihr herber mund begann zufrieden zu lächeln.

mirjana zog den rechten fuß über ihr linkes knie hoch. sie trug sandalen mit einem riemen über der großen zehe. ihre beine waren enthaart. sie wollte sich zurücklehnen, aber der hocker hatte keine lehne. sie wirkte unruhig. igor schenkte ihr wein ein. sie sagte: wir können nicht so tun, als hätten wir alles, was es gibt, erfunden.

wir tun ja auch nicht so, sagte zlatko. er sprach mit vollem mund.

doch, ihr tut so, meinte mirjana. etwas benennen heißt, etwas in seine gewalt nehmen.

sie hatte noch immer nicht zu essen begonnen. zlatko schluckte hinunter. was ist das für eine seltsame theorie, sagte er und begann mit dem messer den eigenen satzfluss zu dirigieren. ein asteroid, den wir benennen, hat für uns eine wiedererkennbare identität, aber wir haben deshalb noch keine gewalt über ihn. wenn es ihm gefällt, uns in 5000 jahren zu durchlöchern, müssen wir erst einmal sehen, ob wir ihn vorher in unsere gewalt kriegen. der name allein nützt da gar nichts.

er beendete seinen vortrag mit einem messerschlag auf den tisch. ein brauner, dürrer hund kam den strand entlanggelaufen. er schnüffelte an den steinen, die zuvor von den gästen aufgesucht worden waren. mirjana schnitt ihr kotelett entzwei. den teil mit der rippe hielt sie dem hund hin. er kam zu ihr und schnappte danach, um gleich wieder wegzulaufen und hinter einem stein zu verschwinden. es dauerte nicht lange, da kam er zurück und blieb mit offenem maul vor mirjana stehen. sie schnitt noch ein weiteres stück ab und gab es ihm. wieder lief er fort.

igor fragte: was machst du, wenn du nicht gerade hunde fütterst?

ich spiele glasmarimba.

was ist das?

du musst dir das instrument wie eine normale marimba vorstellen, aber die resonanzkörper sind nicht aus holz oder metall, sondern aus glas. weingläser, flaschen, glasröhren. alles, was gut klingt. ich habe mir das instrument selbst gebaut.

und wo trittst du damit auf?

in bars. wir nennen uns birds of the balkans.

sie lachte und fügte hinzu: mit einem soloinstrument aus afrika und einem mexikaner als gitarristen. aber die leute mögen das.

mirjana hatte einen schweizer akzent. ich hatte mittlerweile fertig gegessen. mirjana nahm den knochen von meinem teller und gab ihn dem hund. dann verfütterte sie auch noch den rest ihres koteletts.

seit wann gibt es eigentlich dieses lokal hier, fragte ich. seit drei monaten, sagte sie. ihre mutter sei küchenhilfe in davos gewesen, in einem guten restaurant, das aber leider letztes jahr habe schließen müssen. 13 jahre, sagte sie, hat sie in diesem schweizer restaurant gearbeitet. aber am ende ist sie behandelt worden, als wäre sie nur 13 tage dort gewesen.

igor schenkte wein nach und prostete uns zu. er sagte: wir leben in einer weit von primaten. jeder bildet sich ein, er kann den herrn über den anderen spielen. jeder maßt sich irgendwelche angestammten rechte an. jeder glaubt, seine geburt habe ihn mit einem vorzug gegenüber anderen ausgestattet. den vorzug mag es geben, aber woher kommt das recht dazu? primaten eben.

uns gibt es halt noch nicht so lange, sagte zlatko. vielleicht gehen aus uns noch menschen hervor. er wandte sich an mirjana und begann wieder mit dem messer zu fuchteln. in einem hast du ja recht. so ganz ohne bedeutung sind die namen nicht. sie sind ein eingriff der jetztzeit in die datensysteme der fernen zukunft. darum ist das taufen von himmelskörpern auch für mich immer noch eine aufregende sache. schließlich wird der name des asteroiden vielleicht noch bestehen, wenn er selbst schon längst in einem größeren planeten verschwunden ist. das ist ja bei den kollegen, die ferne galaxien benennen, noch viel schlimmer. sie wissen nicht, ob das, was sie sehen und benennen, in den letzten jahrtausenden überhaupt noch existiert hat. und so werden immer neue existenzen simuliert, bis irgendwann in ferner zukunft der irdische datenstrom abreißt.

zlatko öffnete den mund, um ausführlich zu gähnen. er drehte den kopf zur seite. schließlich hielt er, da das gähnen nicht aufhören wollte, das messer vor den mund.

mirjana wandte sich an igor: spielst du in einem neuen film?

wir drehen in zwei monaten in frankfurt einen tatort.

und was spielst du?

eine nebenrolle, ich spiele nur nebenrollen. meist sind es krimis und ich bin der balkanmafioso vom dienst.

ein kleiner junge kam mit einer schubkarre, auf der zwei sechserpackungen mit mineralwasser standen, den weg entlang. er bog zu uns ab und blieb nach ein paar metern im sand stecken. janica lief ihm entgegen und nahm ihm das mineralwasser ab. sie tätschelte seine wange und steckte ihm geld zu. der bub zerrte die schubkarre aus dem sand. dann stellte er sich verkehrt herum zwischen die haltestangen seines gefährts und fuhr damit wieder fort. janica riss eine der packungen auf und verteilte die flaschen auf die tische. die gläser, die sie aus dem wohnwagen brachte, hatten einmal dijon-senf enthalten. sie servierte die leeren teller ab. ich komme gleich, sagte sie zu igor, der das wasser ausschenkte. es war angenehm kalt.

mirjana drehte sich eine neue zigarette. ich konnte dem anblick nicht widerstehen und fragte sie, ob ich mir auch eine drehen dürfe.

help yourself, sagte sie und schob mir das päckchen zu.

kommst du oft nach istrien, fragte ich.

nein. meine mutter will hier wieder fuß fassen. aber ich

will lieber in kanada bleiben und nur im sommer ein, zwei monate hier spielen. in den letzten jahren waren wir vor allem in der schweiz und in frankreich, jetzt fahren wir halt hierher. zugvögel. das ist genau das richtige für mich.

sie hielt einen moment inne, nahm einen zug von ihrer zigarette und verzog dann den mund. meine mutter will, dass ich bleibe. aber ich kann das nicht, auch wenn ich hier meine kindheit verbracht habe. dauernd ist vom krieg die rede. alle haben jemanden verloren, oder sie wissen von jemandem, der verschwunden ist. ich höre nur das. in kanada denk ich nicht daran. aber hier ist das allgegenwärtig. egal, wen du kennen lernst. alle erzählen dir, wen sie verloren haben. meine mutter spricht jeden tag davon. jeden tag.

mirjana stand auf und nahm ihre tasche. ich muss jetzt gehen. der auftritt wartet.

sie nannte uns die adresse. igor kannte die bar. wir versprachen, später nachzukommen.

ciao, sagte sie zu mir. ich antwortete, ciao, du balkanvogel. sie lachte mich an dafür.

zlatko sagte, er werde nicht nachkommen, er müsse schlafen gehen.

was ist jetzt mit dem stern, fragte mirjana.

nicht stern. es ist nur ein asteroid. zlatko zog seine stirnfalten zusammen. ich werde nachsehen, ob es 314 mirjana schon gibt.

in diesem fall, sagte mirjana, können wir auf das pendeln verzichten.

sie reichte ihm die hand.

mirjana winkte ihrer mutter zu, die begonnen hatte, fackeln in den sand zu stecken. das heulen des mopeds war noch eine weile zu hören, bevor es vom dichten mediterranen wald verschluckt wurde. kaum war mirjana fort, kam janica zu igor und legte ihm wieder eine hand auf die schulter. mit der anderen trank sie von seinem weinglas.

igor fragte: wann hast du von ivo das letzte mal etwas gehört?

im sommer 1993 habe ich über das rote kreuz den letzten brief erhalten. darin hat er geschrieben, dass er mit der versorgung von sarajewo befasst war. seither habe ich keinen einzigen hinweis mehr bekommen. als wäre er einfach vom erdboden verschwunden.

igor sagte: die werden ihn erwischt haben, und jetzt liegt er irgendwo in einem massengrab.

janica schaute aufs meer hinaus. zwischen den felsen konnte man den noch roten horizont sehen, von dem sich, auf der anderen seite der bucht, dunkle schlote abhoben. janica hatte zu weinen begonnen.

igor stand auf und nahm sie in seine arme. er lebt noch, schluchzte sie, ich weiß, dass er noch lebt.

igor sagte, 1993, das ist zwölf jahre her. du musst dich langsam mit den tatsachen abfinden.

da entriss sie sich aus seinen armen und schrie mit ihrer vom weinen gebrochenen stimme, dass man es weit herum hören konnte: er lebt! er lebt! er lebt!

es war still geworden. die gäste hatten zu reden aufgehört. nur der wellenschlag an den steinen war zu hören. janica setzte sich auf mirjanas hocker, goss sich wein ein und trank das glas in einem zug leer.

bevor ich gehe, sagte zlatko in die stille verlegenheit hinein, muss ich euch noch die wegbeschreibung geben. er nahm aus der hemdtasche den zettel, auf dem er den der systematik nach fälligen namen für seinen asteroiden notiert hatte, und zeichnete uns im schein der fackel abzweigung für abzweigung den weg von pula zum observatorium auf. darunter schrieb er seine telefonnummer. das findet ihr, sagte er. ruft mich vorher an. dann kann ich euch ein paar schöne bilder vorbereiten.

zlatko wollte zahlen, aber igor sagte, das übernehme er. zum abschied mussten wir zlatko versprechen, dass wir sicher kommen würden. dann verschwand er. es war mittlerweile so dunkel geworden, dass man nicht mehr bis zur straße hinübersehen konnte.

nach und nach kamen die gäste, um zu zahlen. janica berechnete allen denselben preis. sie legte das geld einfach am tisch ab. als sie später in den wohnwagen ging, um zigaretten zu holen, ließ sie das geld liegen. igor schichtete es um. er beschwerte die scheine mit münzen, damit der aufkommende abendwind sie nicht forttragen konnte. durch das wohnwagenfenster konnten wir sehen, wie janica eine petroleumlampe entflammte und bald darauf wieder löschte. als sie zurückkam, hatte sie nicht nur zigaretten in der hand, sondern auch eine neue karaffe wein. sie zog den bequemeren stuhl, auf dem zlatko gesessen hatte, an igor heran. eine weile saß sie nur da, trank und rauchte, ohne dass wir ein wort redeten. igor hängte sich in ihren arm ein.

warum glaubst du, dass er noch lebt?

sie wartete eine weile mit der antwort, dann flüsterte sie: ich weiß es einfach. sie rutschte ganz an igor heran, lehnte sich zu ihm hinüber und drückte die wange an seine schulter. noch einmal flüsterte sie: ich weiß es einfach. igor legte den arm um sie.

aber woher? fragte er.

sie nahm das gerade gefüllte weinglas und trank es leer. dann zündete sie sich eine neue zigarette an.

weil er jede nacht zu mir kommt.

ihre augen füllten sich wieder mit tränen. sie ließ sie rinnen, starrte ins leere glas. hinter igor war ein zipfel der mondsichel erschienen. ich sah ihr zu, wie sie sich, schmal und gleichförmig wie ein tellerrand, langsam aus einem baum herausschälte. janica hatte den kopf sinken lassen. ihre zigarette brannte zum filter, ohne dass sie daran zog. es war, als wäre sie eingeschlafen. igor begann ihren oberarm sanft zu tätscheln. er schenkte ihr ein neues glas wein ein, wiederum trank sie es aus ohne abzusetzen.

sie fragte, bin ich alt? igor zog sie enger an sich.

nein, du bist nicht alt.

warum muss ich dann allein leben?

ich lebe auch allein.

das kannst du nicht vergleichen, sagte sie. du hast immer zehntausend freundinnen gehabt und das wird jetzt nicht anders sein. ich habe niemanden.

du hast mirjana.

meinst du, die lebt bei mir? die wohnt bei freunden in der stadt. ich bin froh, wenn sie alle paar tage einmal vorbeikommt. ich kann doch jetzt nicht zu meiner alten mutter gehen und sagen, so, da bin ich wieder. ich habe 55 jahre gelebt, aber es ist nichts dabei rausgekommen.

du hast dieses kleine restaurant. du kannst gut kochen. das ist ein neuanfang.

die behörde hat mir nicht einmal eine stromleitung genehmigt. das ist kein restaurant, sagen sie, das ist ein campingwagen. und es stimmt ja auch. alles, was ich habe, ist dieser lächerliche campingwagen. aber sie können mich nicht vertreiben, das grundstück gehört meinem cousin.

du könntest ein restaurant bauen.

womit denn? was ich in der schweiz verdient habe, hat mirjana bekommen, damit sie studieren kann. und das bisschen, das ich hier verdiene – sie verwies auf das häufchen geld, das immer noch am tisch lag –, das reicht gerade zum leben.

plötzlich lachte sie laut heraus und fügte hinzu: und für ein neues höschen.

für ein höschen, fragte igor. du meinst für einen slip?

ja, sagte janica. ich habe mir einen wunderschönen slip gekauft.

ich erhob mich, weil ich das dringende bedürfnis hatte, hinter einen felsen zu gehen. mittlerweile war es aber so dunkel, dass es reichte, mich ein stück von den fackeln zu entfernen. als ich mein wasser abschlug und dabei über die schulter zurückblickte, sah ich, wie janica aufstand und ihr schwarzes kleid anhob. igor griff ihr zwischen die beine. janica zuckte mit dem unterkörper zurück und ließ das kleid fallen. sie begannen beide zu lachen. igor stand auf und schlang seine hände um sie. dann küssten sie sich. ich war inzwischen mit meinem geschäft fertig und wusste nicht, was ich jetzt machen sollte. für einen spaziergang war es zu dunkel. es gab weit und breit keine beleuchtung, nur die drei fackeln, die mondsichel und ein paar sterne. langsam konnte ich die konturen der steine erkennen. weit draußen in der bucht waren die lichter eines ortes zu sehen. vielleicht war es aber auch ein großes schiff, das dort vor anker lag. so stand ich eine weile nur da und sah igor und janica beim küssen zu. ihre bewegungen wurden heftiger, sie verloren das gleichgewicht, stolperten über irgendetwas und fielen hin. igor lachte laut heraus, janica sagte: oh gott, ich bin so betrunken. sie war schnell wieder auf den beinen und setzte sich in den stuhl. auch igor rappelte sich hoch und nahm wieder platz. sie zog eine zigarette aus dem päckchen, er reichte ihr feuer. dann legte er wieder den arm um ihre schulter. als ich zurückkam, fand ich sie in genau derselben haltung vor, wie ich sie verlassen hatte.

ich sagte zu igor, wenn du mir das auto leihst, hole ich dich morgen vormittag hier ab.

das ist eine ausgezeichnete idee, sagte er. ich war mir nicht sicher, ob janica auch davon begeistert war. sie sagte jedenfalls nichts dagegen, und so bat ich sie um eine taschenlampe, damit ich das auto überhaupt finden konnte. igor beschrieb mir den weg zum auftritt von mirjana. die bar befinde sich in einer alten festung der österreichischen kriegsmarine, die nicht zu übersehen sei. sag ihr, fügte er hinzu, der böse onkel igor lässt sich entschuldigen.

nein, widersprach janica. sag ihr, er war so betrunken, dass du ihn heimbringen musstest.

zuerst fand ich die bar nicht. ich fuhr dreimal an dem aus mächtigen steinen errichteten gebäude, das igors beschreibung durchaus entsprach, vorbei, sah aber nur ein restaurant, das in großer leuchtschrift zu grillspezialitäten einlud. da es auf dieser straße weit und breit kein vergleichbares haus gab, blieb ich schließlich vor dem restaurant stehen, um mich bei einem kellner zu erkundigen. kaum hatte ich das auto abgesperrt, sah ich das an der mauer angebrachte schild, das ein flüchtiger blick für ein verkehrszeichen hätte halten können, es stand zwar das wort bar darauf, aber es stand in demselben weißen pfeil auf blauem hintergrund, der ansonsten einbahnstraßen ausweist. der pfeil zeigte zur rechten seite des gebäudes, wo eine enge gasse begann, in der ausgelassener lärm zu hören war, aber keine musik. in die mauer waren schmale, schießschartenähnliche fenster eingelassen, die jedoch zu hoch oben waren, um durchsehen zu können. neben einem rundbogen standen seite an seite mehrere mopeds, eines war an die wand gelehnt, ich hielt es für das von mirjana. hinter dem rundbogen tat sich ein kleiner hof auf, in dem, auf etwa zehn tischgruppen verteilt, die gäste saßen. in der ecke links vom eingang, auf einem steinernen podest, das früher einmal als sockel für eine kanone gedient haben mochte, standen, von einem scheinwerfer beleuchtet, musikinstrumente und eine lautsprecheranlage. auf den beiden stufen, die zu dem steinsockel hinaufführten, saßen jugendliche, rauchten und tranken bier. andere standen oder saßen an der mauer entlang. von den musikern, die offenbar gerade eine pause machten, war nichts zu sehen.

ich ging zur bühne, an deren rand zwei stapel mit cds der birds of the balkans lagen, und betrachtete eine weile die glasmarimba. oben sah sie aus wie ein xylophon mit einer klaviatur aus zwei reihen von plättchen. darunter hingen, ihrer größe nach wie orgelpfeifen angeordnet, die glasbehälter. die hohen töne wurden von kleinen schalen erzeugt, die mittleren töne von röhrenartigen behältern und die tiefen töne von großen flaschen. auf einem runden beistelltischchen, das ansonsten wohl als stellage für einen blumentopf diente, lag eine reihe von schlegeln in unterschiedlichen größen, einige von ihnen hatten filzbällchen an ihren enden. an einem der über den rand des tischchens hinausragenden stöcke hing mirjanas roter haargummi.

unter all den lachenden und in lebhafte gespräche verstrickten menschen, die um die tische saßen oder in gruppen zusammenstanden, konnte ich mirjana nicht entdecken, aber ich war bislang ja auch nur im hof gewesen. die eigentliche bar lag hinter einer offenen tür, die ich nicht gleich gesehen hatte, weil sie durch den ast eines alten, knorrigen baumes verdeckt war.

in der bar ging es noch lebhafter zu als draußen im hof. um die theke herum standen dicht an dicht die jugendlichen, die den beiden barkeepern ihre bestellungen zuriefen. ich stellte mich hinten an, aber das war ein fehler, denn alle, die hinter mir kamen, waren kurz danach vor mir zu sehen. man musste sich irgendwie durchzwängen und einen der barkeeper auf sich aufmerksam machen. da ich noch nicht wusste, was ich bestellen wollte, schaute ich mich zunächst einmal im raum um, aber ich konnte auch hier mirjana nirgendwo entdecken. bis ich vom barkeeper angesprochen wurde, weil diejenigen, die direkt an der bar standen, schon versorgt waren. ich bestellte einen espresso. in dem moment, in dem ich das geld über die schultern der anderen hinweg zur theke reichte, begann draußen die marimba zu spielen. es war eine schnelle, hohe tonfolge, wobei die töne jeweils zweimal hintereinander angeschlagen wurden. bald kamen tiefere töne hinzu, die gitarre setzte ein und schließlich auch noch der bass. für meine ohren klang die musik in ihrem schnellen, mitreißenden rhythmus nicht nach balkan, sondern nach karibik. ich balancierte meinen espresso über die köpfe hinweg zum ausgang und blieb dort unter dem baum stehen. mirjana trug nun ein weißes kleid, das um den tiefen ausschnitt herum bunt bestickt war. ihre langen schwarzen haare hingen offen herab, die mindestens ebenso langen haare des mexikanischen gitarristen hingegen waren mit ihrem roten haargummi zu einem schweif zusammengebunden, den er zwischendurch mit heftigen kopfbewegungen durch die luft fliegen ließ. der mexikaner war kleiner als mirjana. er versuchte den unterschied mit hohen schuhabsätzen ein wenig auszugleichen, während mirjana immer noch ihre flachen ledersandalen trug.

die glasmarimba war der mittelpunkt der musik, um sie herum war alles arrangiert, aber für die bühnenshow war der mexikaner zuständig. manchmal kam er mit seiner in brusthöhe gehaltenen gitarre ganz nahe an mirjana heran, sie lachten sich an und verfielen mit ihren körpern in gemeinsame rhythmische bewegungen, während unter mirjanas händen die stöcke mit einer geschwindigkeit über die schlagplättchen flogen, dass sie nur noch als in die luft gezeichnete streifen wahrnehmbar waren. der bassist, ein ernst dreinblickender junger mann mit schnauzbart, blieb im hintergrund. nur wenn das publikum heftig applaudierte und begeisterungsschreie ausstieß, war ein leichtes lächeln um seinen mund. die birds of the balkans hielten nicht inne, um den applaus entgegenzunehmen, sondern gingen gleich zum nächsten lied über.

mit der espressotasse in der hand stand ich unter dem baum und dachte an janica und igor, die vielleicht schon im campingwagen lagen und im schein einer petroleumfunsel ihre körper abtasteten. ich stellte mir vor, wie igor ihr komplimente macht und wie janica seine zärtlichkeit dankbar annimmt, wie er mit der zunge ihren körper berührt und mit all seiner erfahrung ihre brustwarzen und ihre klitoris erregt, wie er dann in sie eindringt und janica plötzlich zu weinen beginnt.

mirjanas brüste tanzten im ausschnitt ihres kleides, der mexikaner stand nun rechts von ihr, körper an körper kreisten ihre becken zu einer melodie, die nun doch deutlich nach balkan klang, während der rhythmus immer noch karibisch war. ich wurde den gedanken an janica und igor nicht los. auch wenn ich mich auf die musik konzentrierte, auf mirjana und die leichtigkeit, mit der sie die stöcke schwang, hatte ich das bild ihrer mutter vor mir. ich sah igor heftiger zustoßen, ich sah janicas tränen und hörte ihre schreie und gleichzeitig die musik ihrer tochter, die es nicht mehr aushielt, dass ihre mutter vom toten vater nicht ablassen konnte. als ich von meinem mokka trank, spürte ich mit der oberlippe, dass irgendetwas in die tasse hineingefallen war, ein holzstück vielleicht, oder ein käfer. in der dunkelheit unter dem baum konnte ich es nicht erkennen. ich stellte die tasse auf den boden und ging langsam zwischen den tischgruppen hindurch zum ausgang. dort blieb ich noch eine weile stehen und hoffte insgeheim, dass mirjana zu mir herüberschauen würde, aber sie tat es nicht und hätte mich wegen des scheinwerfers, der aus dieser richtung auf sie strahlte, auch gar nicht erkennen können. sie spielten ein lied, das wie slawische volksmusik klang und dessen rhythmus immer schneller wurde. mirjana hatte in beiden händen jeweils zwei schlagstöcke, die wie zwei victory-zeichen über die glasmarimba flogen und immer noch schneller wurden, während der mexikaner den oberkörper herumwarf und seinen haarschweif durch die luft tanzen ließ. die leute um die bühne herum begannen im rhythmus zu klatschen, die anderen fielen mit ein. die bilder von janica und igor kehrten zurück, und da kam mit einem mal ein gefühl des ekels in mir hoch. ich konnte mirjana nicht länger anblicken, ohne an ihre fickende und weinende mutter zu denken, an igor, der sich von ihrem heulen nicht abhalten lässt, der immer fester zustößt, der nur umso tiefer in sie hineinbohrt, je mehr sie weint und schreit, hinein in janica, die bei jedem stoß aufheult, aber die sich nicht wehrt, in deren schreien und winseln zugleich eine unermessliche freude liegt, die igors lust nur umso mehr steigert, bis er in rage kommt und auf sie einhämmert, als könnte er damit die erinnerung an diesen verdammten krieg endgültig aus ihr herausficken.

ich ging hinaus und setzte mich auf mirjanas moped. die musik hatte ein atemberaubendes tempo erreicht, die klatschenden gäste konnten mit der geschwindigkeit, in der mirjana auf ihre glasmarimba schlug, nicht mehr mithalten. sie kamen aus dem rhythmus, sie gaben auf. die mondsichel stand mittlerweile hoch am firmament. auch ein paar sterne waren zu sehen. ich wartete auf eine sternschnuppe, einen kometen oder dergleichen. irgendwo da draußen in der dunkelheit weideten zlatkos haustiere, 1 zlatko und 17 egle und wie sie sonst noch alle heißen mochten. das musikstück galoppierte im tosenden applaus seinem ende entgegen. die birds of the balkans bremsten das tempo scharf ab und spielten in einem reggae-rhythmus weiter. ich nahm die lenkgabel in die hände und zog das gas hoch. am liebsten hätte ich das moped gestohlen. am liebsten wäre ich damit über die berge abgehauen.

Der Mönch

Perka Stankova und Anica Mihić sonnten sich auf den Grabplatten vor der Kapelle. In den letzten Tagen des Sommers bot der kleine Friedhof alles, was die beiden Freundinnen heute brauchten: das Meer, das die zerklüfteten Felsen umspülte, warme Liegeflächen für ihre verspannten Rücken, Sonnenstrahlen auf ihren müden Gesichtern und, sollte es heiß werden, genügend Schatten unter den ausladenden Kronen der Pinien. Und was am wichtigsten war – ein Gefühl der Gelassenheit in der Nähe ihrer Verstorbenen. Hier fühlten sie sich sicher, obwohl diese Sicherheit ein wenig vergeblich anmutete, da sie sie gerade bei jenen suchten, die sie verlassen hatten. Ehemänner sterben immer als erste – diesen Spruch hörte man häufig auf der Insel. Frauen in Schwarz waren ein Teil der Folklore und erinnerten an diese dunkle Statistik.

Das Grab, auf dem Perka sich ausruhte, war ein schlichter Betonquader. Die verrosteten Metallringe, die zum Anheben der Grabplatte dienten, stellten den einzigen Schmuck dar. Sie hatte es nie geschafft, genügend Geld anzusparen, um den groben, grauen Beton mit Marmor überziehen zu lassen. Mit den Jahren wurde die Notwendigkeit einer Ausschmückung immer geringer. Perka war eine junge Witwe und hatte sich bereits an diesen Zustand gewöhnt, vermutlich war auch der Verstorbene daran gewöhnt, und wenn sie sich eines Tages für immer neben ihn legen würde, dann wäre es ihnen beiden sowieso egal, was man im Dorf über das Aussehen ihrer gemeinsamen Grabstätte dachte. Andererseits, wer weiß schon, wie sich die Dinge entwickelten? Das Leben könnte sie ja noch wer-weiß-wohin führen.

Die letzte Ruhestätte des verstorbenen Herrn Mihić hätte genauso ausgesehen, wenn es nach Anica gegangen wäre. Aber das Ehepaar Mihić hatte zwei Kinder, die nach Australien ausgewandert waren und die die Grabstätte schon vor dem Tod ihres Vaters angelegt hatten. Der schwarze Marmor glänzte in der Sonne und die goldgravierten Namen funkelten. Unter den Namen stand in verschnörkelten Buchstaben *Den liebsten Eltern zu Lebzeiten, errichtet von ihren dankbaren Kindern.* Darunter stand die Inschrift auch auf Englisch.

Als die Mihić-Kinder die Grabstätte errichteten, hatten sie die Dorfkirche mit einer großzügigen Spende bedacht. Aus diesem Grund musste sich Anica auch nicht um die Grabpflege kümmern; der breite Rahmen aus Kieselsteinen, der das ganze Grab umrandete, wirkte immer gepflegt. Sie kaufte regelmäßig neue Kerzen und stellte sie neben einen großen Strauß Plastikblumen in einer Steinvase. Ihre Kinder hatten batteriebetriebene Lämpchen aus Australien mitgebracht, die angeblich länger als zwei Jahre hielten, genau so lange, wie es dauerte, bis sie wieder von ihrer großen Insel auf diese kleine Insel kommen würden. Anica hatte sie entfernt, sobald sie abgereist waren.

Anica wohnte im oberen Dorf und Perka im unteren. Die Bewohner der Insel teilten sich in die Oberen und die

Unteren; auf der Nordseite lebten noch die Von Dort. Für die Von Dort waren die Oberen und die Unteren ebenfalls die Von Dort. Eigentlich war diese Aufteilung ganz einfach, doch es gab ja auch noch die, die nicht mehr da waren, und genau das war die größte Gruppe. Zum Beispiel die Auswanderer, die vor hundertfünfzig Jahren nach Amerika oder nach Australien gegangen waren, um Gold zu suchen oder an der Industrialisierung teilzuhaben. Sie und ihre Nachkommen wurden von den Inselbewohnern Unsere Amis und Unsere Aussies genannt. Dann gab es noch die politischen Exilanten, doch nur vier an der Zahl. Sie waren nach dem Zweiten Weltkrieg nach Argentinien ausgewandert, und wenn ihre Nachfahren gelegentlich in die alten Häuser zurückkamen, faselten sie ständig von Vaterland und heimischem Herdfeuer. Für sie hatten die Inselbewohner keinen Namen. Nach ihnen waren die Gastarbeiter fortgegangen. Sie lebten in Deutschland, und in den Sommerferien waren sie daran zu erkennen, dass die Anhänger an ihren Mercedeslimousinen, vollgestopft mit Baumaterial, über die schlechten Straßen holperten. Sie hupten durch das Dorf und grüßten in alle Richtungen. Die meisten Inselbewohner waren in die Städte auf dem Festland, den Kontinent gegangen. *Nach Kroatien,* wie sie zu sagen pflegten. Sie kamen fast jedes Wochenende, nur um ihre Häuser zu lüften und die Verwandtschaft zu besuchen. Die letzte Auswanderungswelle hatte sich Richtung Irland bewegt. Man nannte sie Die Iren. Sonntags vor dem Gottesdienst zählten Anica und Perka, wer gerade von welcher Gruppe da war.

Die Schiffssirene kündigte die Morgenfähre an, und im selben Augenblick meldeten sich die Kirchenglocken mit einem fröhlichen Dur. Die drei Glocken, die ein Priester vor fünfzig Jahren in einer Gießerei in Innsbruck hatte herstellen lassen, ertönten immer in der gleichen Melodie, nur Rhythmus und Klangfarbe wechselten je nach Anlass. Die morgendlichen Töne waren weiß wie ein C-Dur, sie waren ein Pendant zum Licht, mit dem die Nacht und die Dunkelheit vertrieben wurde; die abendlichen Töne waren düster und in Moll gehalten, dunkelrot, und konnten bei Beerdigungen bis hinab zu braunen Klängen rutschen. Bei Hochzeiten wurden die Töne wieder hell, allerdings gab es auf der Insel keine Hochzeiten mehr.

Heute kam die Fähre etwas zu spät, was eine Verschiebung des sonntäglichen Tagesablaufs mit sich brachte. Das Eintreffen der Fähre war zeitlich auf den Beginn des Gottesdienstes abgestimmt. Jetzt näherte sich das Schiff dem Pier, die dicken Taue wurden um die rostigen Poller gelegt, die Zugangsbrücke fiel mit lautem Getöse auf die verwitterten Steinblöcke, noch einmal ertönte die Sirene. Die riesigen Fender quietschten bei jeder Welle, die das Schiff gegen die Steinblöcke werfen wollte, sie übertönten die Rufe der Kinder, die mit den Tauen spielten. Es waren drei braungebrannte Jungen, barfuß und mit nackten Oberkörpern, die Gesichter von getrocknetem Salz überzogen. Ihre Mutter wurde erwartet, sie würde ihrem Sommer ein Ende setzen. Ihr Großvater Nediljko, ein Kapitän im Ruhestand, saß auf der Bank und betrachtete sie mit melancholischem Blick ... Monatelang freute er sich auf den Tag, an dem seine Tochter ihre drei Söhne auf die Insel brachte. Der Großvater hatte ein Boot und die Enkel halfen ihm, die Fischernetze zu flicken; sie spielten an der Felsküste und aßen jeden Tag selbstgefangenen Fisch. Ihre Mutter übernachtete nur einmal, küsste sie zum Abschied und fuhr zurück in die Stadt, da sie arbeiten musste, und die vier Männer durften zusammen den ganzen Sommer auf der Insel verbringen. Doch am nächsten Morgen würde sie die Jungs aus ihrem wilden, sorglosen Sommerleben herausreißen und zurück in die Stadt bringen.

Zuerst kam Robert über die kleine Brücke an Land, einer Unserer Amis, mit einem großen Koffer auf der Schulter, genau so, wie er immer schon gekommen war und dabei hoffte, dass er oder zumindest der Inhalt seines Koffers von jemandem freudig erwartet würde. So hatte es schon sein Vater gehalten, der vor dem Zweiten Weltkrieg ausgewandert war, damals nur mit einer kleinen Reisetasche, nachdem er die Holztür seiner alten Hütte hinter sich verschlossen hatte. Sein Sohn hatte das Haus umgebaut, es lag in der dritten Reihe vom Meer aus gesehen, die weiße Steinterrasse war mit roten Ziegeln überdacht. Robert hatte keine Verwandten mehr auf der Insel und kam doch jeden Sommer, um sich hier zu erholen.

Perka und Anica mischten sich auf dem Pier unter die anderen Wartenden, die scheinbar desinteressiert die Rampe für die Autos und die Zugangsbrücke beobachteten. Einige Autos und Passagiere kamen an Land, darunter eine hoch gewachsene Gestalt in einem dunklen Gewand. Jedes neue Gesicht weckte das Interesse der Einheimischen, und jede Uniform konnte Respekt einflößen und eine Lawine aus Überlegungen und Vermutungen in Bewegung setzen.

Der Geistliche ging unsicheren Schrittes über die Holzplanken, die die Fähre mit dem festen Land verbanden, und als er Stein unter den Füßen spürte, atmete er tief durch und ließ seinen Blick in aller Ruhe über die hier versammelten Menschen gleiten. Er deutete eine leichte Verbeugung in Richtung der beiden Frauen, Perka und Anica, an und setzte seinen Weg fort.

»Ist ihm bei der Überfahrt schwindelig geworden?«

»Kann gut sein, er wirkt nicht wie einer, der an Seegang gewöhnt ist.«

»Ist das eine Vertretung?«

»Heilige Mutter Gottes, unserem Don Marko wird doch nichts passiert sein?!«

»Ach was, dem ist nichts passiert, da steht er doch. Er streicht sich wie eh und je über den Schnurrbart und zählt die Kirchgänger.«

»Lass uns gehen, Perka, heute hat sich alles verschoben.«

Don Marko stand in der Tür der Kirche und wartete geduldig, dass das Interesse seiner Herde sich vom Schiff in seine Richtung wendete. Als auch er den unerwarteten Gast erblickte, zuckte er zusammen und ging ihm entgegen, wobei er sich ein Lächeln unter seinem Schnurrbart zurechtlegte. Die Tatsache, dass ihm niemand die Ankunft eines Geistlichen angekündigt hatte, konnte nur bedeuten, dass es sich um einen privaten Besuch handelte. Aber zu wem wollte er? So ganz allein? Wollte er sich auf der Insel etwa nur erholen? Vermutlich würde er sich auf der anderen Seite bei den Franziskanerinnen einquartieren.

Don Marko humpelte leicht, sein verkürztes Bein steckte in einem Schuh mit erhöhter Sohle. Während er sich auf den

Gast zubewegte, kratzte er sich immer wieder hinter dem Ohr und hüstelte. Don Marko diente bereits seit dreißig Jahren auf der Insel. Das Räuspern war vom ersten Tag an sein Erkennungszeichen gewesen, mehr noch als der Talar oder die Bibel in seiner Hand. Wenn er zu sprechen begann, räusperte er sich erst kurz. Das tat er immer, außer bei seinen Predigten oder Gebeten, die er ohne jede Störung vortragen konnte. Es war ungewöhnlich, dass ihm dieser Tick bei der Inselbevölkerung bislang keinen Spitznamen eingebracht hatte. Die kleine, verschworene Gemeinde neigte zu Spott, und so hätte er leicht zu Don Husten oder Pater HmHm werden können. Auf der Insel machte man Witze über alles und jeden, denn so war es leichter, im Winter die Böen des Nordwinds zu ertragen, das Salz, das sich auf dem kargen Boden ablegte, die Blitze, die die Olivenhaine in Brand setzten und die scharfgezackten Felsen, an denen die Fischernetze zerrissen. Don Marko kannte die Grobheiten der Insulaner, aber auch ihre Verbundenheit untereinander, zu der sie verurteilt waren, genauso wie zur Isolation, die Segen wie Fluch sein konnte. In dreißig Jahren hatte er dreißig Tote auf dem Friedhof verabschiedet, neun Paare vermählt und sieben Neugeborene getauft. Ein städtischer Priester arbeitet so viele Fälle in einer Woche ab, aber man konnte die Wirksamkeit dieser Arbeit nicht an den bloßen Zahlen messen. Zumindest hoffte er das. Überdies fühlte er sich allen Seelen auf dieser Insel verbunden – und das war wohl das Höchste, was er erreichen konnte.

Die Sonne hinderte ihn daran, abschätzen zu können, welche Kleidung der Ankömmling trug: eine Priestersoutane oder einen Habit? Doch weder die dreiunddreißig funkelnden Knöpfe einer Soutane noch die weiße Kordel um die Taille waren zu erkennen, nur die lange Gestalt. Als der Mann näherkam, wurde ihm klar, dass es sich doch um eine Ordenstracht handelte. Der Mann ging mit ausgestreckter Hand auf ihn zu. »Gelobt sei Jesus Christus.«

»Von nun an bis in Ewigkeit. Was auch immer Sie zu uns führt, seien Sie herzlich willkommen. Der Friede Gottes möge uns begleiten.«

Der Unbekannte nickte nur, so dass Don Marko gezwungen war weiterzusprechen, um kein unangenehmes Schweigen aufkommen zu lassen.

»Mein Name ist Don Marko, und alles, was Sie hier um mich herum sehen, ist unsere Welt aus Stein und Salz.«

… Und um mich herum ist die schwarz-weiße Welt, setzte Jadran in Gedanken die Worte des Priesters mit dem Refrain eines Rock-Songs fort. Nervös drehte er sich um, als hätte jemand den Song in seinem Kopf hören können. Unterwegs hatte er versucht, sich auf die ersten Gespräche auf der Insel vorzubereiten, doch er hatte nicht damit gerechnet, sofort einem Geistlichen über den Weg zu laufen, mit dem er sich nun auch noch vor Publikum und offensichtlich direkt vor dem Gottesdienst unterhalten musste.

Als oberste Regel hatte er sich eingeprägt: Unbedingt den Eindruck eines schweigsamen Menschen zu hinterlassen! Das war seine einzige Chance, Fehler zu vermeiden. Die priesterliche Nomenklatur war ihm nicht geläufig, um ganz ehrlich zu sein, war es für einen Atheisten nicht ganz leicht, in dieser unbekannten Welt Fuß zu fassen. Noch ehrlicher gesagt – in diesem unbekannten Universum. Er hatte keine Ahnung von der Liturgie und noch weniger von dem notwendigen Vokabular. Deshalb konnte er sich nur auf die Logik und seine rasche Auffassungsgabe verlassen. Außerdem versuchte er sich Bilder und Worte aus seiner Kindheit in Erinnerung zu rufen, als er mit seinem Großvater Bruder Andrija besucht und bei der Dorfkirche gespielt hatte. Auf diese Kenntnisse konnte er sich allerdings nur für den ersten Moment verlassen; für einen seriösen Auftritt musste er sich etwas anderes einfallen lassen.

Das Flattern des Habits verursachte noch immer ein merkwürdiges Gefühl an seinen Waden. Hätte er darunter nicht seine lange Hose getragen, hätte ihn diese hermaphroditische Empfindung vielleicht erregt, doch eigentlich überwog die Angst vor dem, wovor er geflüchtet war. Und vor der Welt, in die er geflüchtet war. Er musste seine ganze Kraft aufbieten, um diese Angst unter Kontrolle zu halten, damit niemand merkte, was sich in seinem Inneren abspielte.

Zum Glück konnte er sich auf seine Erfahrungen verlassen. Jahrelang hatte er als persönlicher Leibwächter hochrangiger Politiker gearbeitet und hatte somit Übung darin, seine körperliche und geistige Verfassung zu kaschieren, ein stoisches Gesicht zu machen und den Eindruck zu erwecken, jede Situation vollständig unter Kontrolle zu haben. Man musste vor allem auf die Augen achten, die manchmal einen verräterischen Einblick in die innere Unruhe zuließen.

»Frater Jadran. Aus dem Franziskanerkloster in Trnovec Bartolovečki. Ich bin zur Erholung hier. Wir brauchen alle gelegentlich etwas Ruhe für unsere Seele.«

»Fra Jadran … und wie weiter?«

»Grobarek.«

Wie dumm von ihm! Da war ihm doch sein wahrer Nachname herausgerutscht, den zu verraten, er nie vorgehabt hatte. Unterwegs hatte er sich einige falsche Namen ausgedacht, doch jetzt war die Sache nicht mehr rückgängig zu machen. »Es freut mich. Es freut mich wirklich … Sie hätten ankündigen sollen, dass Sie zu uns kommen. Ich hätte Ihnen eine Unterkunft organisieren können, auf jeden Fall hätte ich sie angemessener empfangen.«

»Mir ist es sehr wichtig, dass ich niemandem zur Last falle. Ich hoffe, Sie haben Verständnis dafür.« Jadrans Blick bohrte sich in die Augen seines Gegenübers. Volltreffer!

»Natürlich, natürlich! Lieber Frater Jadran, die heilige Messe wird für einen guten Auftakt Ihres Urlaubs sorgen. Folgen Sie mir bitte. Auch wenn die Insulaner manchmal steif und distanziert wirken – das ist rein äußerlich! In ihrem Inneren sind sie zart besaitet und weich wie jedes menschliche Wesen. Sie werden Sie ganz bestimmt willkommen heißen.«

Neun Frauen folgten schweigend den beiden Männern in langen Gewändern, die jetzt in den Schatten der Kirche verschwanden. Es folgten noch zwei gebeugte Männer, die die Hände auf den Rücken gelegt hatten. Die Kirche fasste vierzig Personen, so dass sich die kleine Gruppe der Gläubigen locker über die Bänke verteilen konnte. An der Wand stand ein elektrisches Klavier, für eine Orgel war nie genügend Platz gewesen; an der Wand gegenüber waren in unregelmäßigen Abständen vierzehn Miniaturen mit den Motiven des Kreuzweges aufgestellt; davor dominierte ein massiver gelber Kerzenständer die Szenerie. Don Marko trug nun eine grüne Stola über der Albe aus Leinen und ging, die Bibel in den Händen, auf den Altar zu, begleitet von zwei schmächtigen Ministranten. Sie nahmen ihren Platz ein und reichten, ohne den Blick zu heben, dem Priester den Messkelch, ein Tuch, um sich die Hände zu trocknen, und das silberne Ziborium, das alt und an den Ecken angeschlagen war, als wäre es schon mehrfach auf den Steinboden gefallen. In der ersten Bank saßen zwei Frauen, beide trugen Kopftücher, unter denen schwarzes Haar hervorspähte. Jadran schätzte sie älter ein und fragte sich, ob sie sich tatsächlich auf dieser Insel regelmäßig die Haare färben lassen konnten? Er fragte sich noch, ob es irgendwelche hartnäckigen Gene auf der Insel gab, aufgrund derer die Haare der Inselbewohnerinnen nicht ergrauten, oder ob ihre Verwandten ihnen von Zeit zu Zeit Haarfärbemittel vom Festland mitbrachten? Diesen Gedankenfluss störte der Singsang einer der beiden Frauen. Sie sang lauter als alle anderen in der Kirche, ohne dabei einen einzigen Ton zu treffen, so dass es den anderen unangenehm hätte sein müssen, doch offensichtlich waren sie daran gewöhnt. Die andere Frau konnte jedes Wort der Liturgie auswendig, und zwar nicht nur die der Schafe, sondern auch die des Hirten. Halblaut kamen ihr die Worte über die Lippen, kurz bevor die anderen dazu ansetzten. Don Marko störte das nicht, er hatte wohl gelernt, das alles zu ignorieren. Seine Predigt kam ohne politische Themen aus, sowohl globale als auch nationale. Es ging nur um die Grundlagen des Glaubens und um die gegenseitige Achtung. Jadran war positiv überrascht, die Messe verlief geordnet und einfach, so bescheiden wie das Gesteck aus Strohblumen, das den Altar zierte. Am Ende wandte sich der Priester mit deutlicher Zuneigung an die beiden Frauen in der ersten Bank, die er wegen irgendwelcher Aktivitäten lobte. Jadran hatte den Eindruck, dass die anderen davon nicht begeistert waren.

Er bemühte sich, möglichst natürlich zu wirken, auch wenn er sich selbst lächerlich vorkam, während er versuchte, dem Priester zu folgen, sich an den richtigen Stellen zu bekreuzigen und beim *Vater unser* oder *Gegrüßest seist du Maria* nicht ins Stottern zu kommen. Im Grunde war es nicht einmal schwer, er musste sich nur etwas konzentrieren und auf das Flüstern und die Bewegungen auf den Bänken achten, eine entsprechende Miene aufsetzen, gelegentlich etwas von den Lippen ablesen und es nachsprechen. Darin war er geübt. Wenn er die Politiker schützte und diese das Bad in der Menge suchten, gab es immer die Möglichkeit eines Attentats. Das Lesen der Mimik, das Erlauschen von Geflüstertem und das Deuten unerwarteter Bewegungen gehörten seit zwanzig Jahren zu seinem Alltag. Nur dreimal war es zu Situationen gekommen, in denen dank seiner geschickten Intervention etwas Gefährlicheres verhindert werden konnte. Da hatte sich gezeigt, dass es sinnvoll war, Gesichtsausdrücke deuten zu lernen. Nun half ihm diese Fertigkeit, die Gesichter der Gläubigen innerhalb der feuchten Mauern einer Inselkirche lesen zu können.

In seinem Kopf mischten sich die Ereignisse der letzten Tage mit den Motiven auf den Bildern. Der Mensch mit seinem Kreuz, die Ungerechtigkeit, das Leiden, der Sturz, die Angst, das Sich-wieder-Aufrappeln, die Hoffnung, alles war da … nur das Motiv der Flucht nicht. Er konnte seinen eigenen Schweiß riechen. Sein Biologielehrer hatte einmal vor den pickeligen Pubertierenden, die unter dem Ansturm verrücktspielender Hormone ins Schwitzen gerieten, zum Thema Körperpflege ausgeführt: *Wenn ihr euren eigenen Gestank riecht, seid versichert, dass die anderen ihn schon längst gewittert haben.* Es wäre nicht gut, wenn er so die Aufmerksamkeit auf sich lenken würde, deshalb rückte er in Richtung Wand ab, wobei er seine Lippen im gemeinsamen Gebet bewegte.

Ines kam ihm in den Sinn. Ihre Ruhe und die Sicherheit ihrer Umarmungen fehlten ihm. Wo könnte sie jetzt sein? Hasste sie ihn, oder stand sie nur unter Schock und war sich gar nicht bewusst, was sich abgespielt hatte? Zum Glück hatte er mit seinen Kollegen und Arbeitgebern nie auf vertraulichem Fuß gestanden, so dass sie sein Privatleben nicht kannten – Ines war nicht in Gefahr. Außerdem war sie zu kurze Zeit mit ihm zusammen gewesen, als dass sie von seinen großen Aufträgen etwas hätte wissen können. Warum hatte er ihr eigentlich einen Antrag machen wollen? Vielleicht war es sogar besser, dass es jetzt so gekommen war, versuchte er sich zu trösten. Er hatte nie darüber nachgedacht, wie die Frau sein müsste, mit der er sein Leben verbringen wollte. Ob sie hübsch, klug, groß, blond oder dunkelhaarig sein sollte. Er hatte keine Pläne in dieser Hinsicht, noch stellte er irgendwelche Bedingungen. Er hatte gespürt, dass Ines die Richtige war, und das war geschehen, als er sich reif genug fühlte und sogar anfing, über eine Rückkehr in das Dorf seiner Kindheit nachzudenken.

Ihm wäre lieber gewesen, dass nichts Schlimmes geschehen wäre. Oder zumindest, wenn er ihr alles hätte erzählen können. Dann hätte er sie nicht verwirrt, verängstigt und allein zurücklassen müssen. Bei dem Gedanken an ihre Art zu lächeln spürte er, dass auch er zu lächeln begann. Ines konnte das Leben analysieren, als wäre sie eine weise Alte, und gleichzeitig blieb sie immer optimistisch und heiter. Er war stolz darauf, mit einer so intelligenten Frau zusammen zu sein, und er zeigte sich gerne in ihrer Gesellschaft. Manchmal wirkte sie müde, und wenn er ihr vorschlug, aus der Stadt fortzugehen, sagte sie jedes Mal, dass ihr Sohn ein waschechter Zagreber geworden sei und auch sie schon tiefe Wurzeln geschlagen habe. Und jetzt, da er so nah an der Wand der Inselkirche stand, tröstete ihn der Gedanke, dass Ines nie mit ihm fortgegangen wäre. Was hätte er ihr auch bieten können? Nichts außer der täglichen Ungewissheit, ob er lebend nach Hause kommen würde. Vermutlich war es besser, dass es so zu Ende gegangen war.

Nach der Messe war es in der Kirche merkwürdig still.

»Wenn Sie noch keine Unterkunft haben, bin ich mir sicher, dass die Barmherzigen Schwestern Sie willkommen heißen werden. Das Kloster ist auf der anderen Seite der Insel, aber ich habe mein Auto hier«, er griff nach Jadrans Ellenbogen und führte ihn, fürsorglich wie ein wahrer Hirte, aus der Kirche. Als hätte er gespürt, dass er es hier mit einem verlorenen Schäfchen zu tun hatte.

Das Angebot des Priesters kam Jadran sehr gelegen, er war ja Hals über Kopf geflohen. Und bestimmt war es für ihn besser, in einem Kloster unterzukommen als nach einer Ferienwohnung zu suchen; das könnte auch ein Weg sein, um die touristische Anmeldepflicht zu umgehen. Er könnte vielleicht vermeiden, dass die Daten in seinem Personalausweis in irgendwelche Datenbanken gerieten. Solange sein Name nur der Kirche und den Bewohnern dieses winzigen Ortes bekannt war, war alles in bester Ordnung, doch elektronische Spuren in den Archiven irgendwelcher staatlichen Behörden zu hinterlassen, das wollte er vermeiden.

»Ganz wunderbar, vielen Dank. Ich freue mich auf die klösterliche Ruhe. Ich hoffe, dass ich den Schwestern nicht zur Last falle«, sagte Jadran und hoffte, dass Don Marko ihn nicht fragen würde, wie lange er bleiben wolle. Und tatsächlich fragte er auch nicht.

Vor der Kirche standen Männer, die sich höflich vorstellten. Anschließend ließen sie die Frauen nach vorne, die geduldig gewartet hatten. Der Reihe nach verbeugten sie sich vor Jadran und nannten ihm ihre Namen, die er sich natürlich nicht merken konnte. Als letzte kamen Perka Stankova und Anica Mihić an die Reihe.

»Sind Sie wegen unseres Zentrums gekommen? Dem gnädigen Gott sei Dank, dass er unsere Gebete erhört hat.«

»Zentrum?« Zum ersten Mal war Jadran sichtlich verwirrt. »Ich werde es Ihnen erklären«, kam Don Marko ihm zur Hilfe und wandte sich an die Frauen: »Unser Gast ist gerade erst angekommen. Wir haben noch Zeit, darüber zu sprechen.« Er ergriff erneut Jadrans Arm und zog ihn auf den schmalen Pfad in Richtung Hafen, wo die Fähre sich auf ihre Inselnacht vorbereitete. Die neugierigen Blicke einzelner Menschen auf der Uferpromenade begleiteten zwei Priester, die zu einem improvisierten Parkplatz gingen. Der staubige Golf älteren Baujahrs sprang erst beim dritten Versuch an. Sie kurbelten die Fenster herunter und fuhren los. Zunächst vorbei an Don Markos Haus, das er dem Neuankömmling durch das Fenster zeigte. Jadran hatte keinen Luxus in dieser abgelegenen Gemeinde erwartet, doch verwundert musste er feststellen, dass er über den Reichtum des Klerus wohl Vorurteile gehabt hatte. Don Marko lud ihn für den nächsten Tag zum Mittagessen ein und entschuldigte sich, dass er heute nichts anzubieten hatte.

»Wie sagten Sie doch gleich, Trnovec? Wo liegt der Ort?«

»Trnovec Bartolovečki – Bar – to – lo – več – ki, in der Nähe von Varaždin, ein ganz kleines Dorf, beinahe unsichtbar.«

»Ich war nie in Varaždin. Um ehrlich zu sein, war ich noch nie nördlich von Zagreb. Das hat sich einfach nie ergeben, und das Leben vergeht ja so schnell. Wie läuft es da oben? Ist das die Gegend, in der man saure Weine macht?«

»Hahaha, genau die. Der Wein von dort schlägt tatsächlich manchmal auf die Gesundheit.« Jadran war es höchst willkommen, das Gespräch auf seine Landsleute zu lenken: über sie zu sprechen, war wesentlich einfacher als über sich selbst. »Aber sagen Sie mal, Don Marko, die Frage, die mir die Frau vor der Kirche gestellt hat, was hatte das zu bedeuten? Welche Gebete hat Gott erhört und mich geschickt?«

»Ach, das ist eine nette Geschichte, aber nicht unkompliziert. Perka und Anica haben beschlossen, dass etwas geschehen müsse, damit das Dorf nicht völlig ausstirbt. Es handelt sich um unsere alte Schule, die seit langer Zeit geschlossen ist, da es nicht genügend Schüler gab. Das Gebäude ist in einem schlechten Zustand und verfällt zusehends. Die beiden haben angefangen, Spenden von Auswanderern zu sammeln. Sie wollen das Gebäude in ein Kulturzentrum verwandeln. Auch wenn das eine Utopie ist, ich unterstütze sie dabei, denn dieses Vorhaben scheint ihnen neue Lebenshoffnung zu geben.«

Vor Jadran öffnete sich eine neue Welt. Bis gestern wusste er nicht einmal, dass es diese Insel überhaupt gab. Jetzt tauchte er bereits in den Alltag ihrer Bewohner ein. Durch das Autofenster sah er Lavendelbüsche, Pinien und Felsen, die aus dem Schiefer und der trockenen Erde emporwuchsen. Die Gegend, aus der er stammte, war von grünen Hügeln und schlammigen Wegen überzogen. Während hier ein wenig fruchtbare Erde einen enormen Reichtum darstellte, war dort im Norden Schiefer eine Kostbarkeit. Hier konnten die Menschen an einem Tag Material genug sammeln, um das Dach ihres Hauses zu decken, während man in Trnovec dafür zwei Monatsgehälter aufbringen musste. So wie man hier viel Geld für einen Sack Kartoffeln oder Mehl oder für Äpfel ausgeben musste, während man im Norden all das im Garten hinter dem eigenen Haus anbaute. In der Stadt musste man für alles Geld haben, für Schiefer und für Apfelkompott. Das war ein merkwürdiges Muster, nach dem die Menschen lebten, und es sah so aus, als wäre auf der Welt kein Gleichgewicht vorhanden. Hätte er an Gott geglaubt, hätte er ihm diese Unvollkommenheit vorgeworfen.

»Es ist recht heiß heute«, murmelte Don Marko.

»Es wird schon vorbeigehen«, entgegnete Jadran, und das war im Grunde die einzige Wahrheit, an die er sein Leben lang geglaubt hatte.

INES CALIC

Der Riesenkalmar

Am Anfang war das Meer.

An einem Morgen Anfang Oktober steuert Tomislav Baban, genannt Tomo, sein Boot noch vor Tagesanbruch aus dem Fischerhafen von Rovinj, lässt den Geruch nach Motoröl und Tang hinter sich und fährt an Hotels und Läden, die Delfin-Safaris und Big Game Fishing anpreisen, in die klare Kälte des Meeres hinaus. Die Sonne ist noch nicht aufgegangen, aber die Sterne sind schon erloschen und am Horizont zeigt sich ein gelber Streifen. Der Herbst ist die beste Zeit für den Thunfisch. Von September bis November tummeln sich vor Istrien die größten Exemplare auf Nahrungssuche vor den Wintermonaten. Dann sind die Kreuzfahrtschiffe, die Jachten und die Ausflugsboote verschwunden, und auf dem Meer ist Ruhe eingekehrt.

Der Herbst gehört den Fischen und den Fischern.

»Mirno more«, sagt Tomo zufrieden, ruhige See. Es ist der Gruß der Seeleute, Wunsch und Beschwörung zugleich.

Tomo legt den Kopf in den Nacken, kneift die Augen ein wenig zusammen, genießt den Seewind und lauscht dem Tuckern des Außenbordmotors. Er trägt eine blaue Strickmütze und eine wattierte Jacke, seine Füße stecken in vom Salzwasser gebleichten Gummistiefeln. Der Beruf hat Spuren an seinem Körper hinterlassen. Tiefe Furchen durchziehen sein fast siebzigjähriges Gesicht, sein Rücken ist gebeugt, und die scharfen Rückenflossen Tausender Thunfische, die er im Laufe seines Lebens an Land gezogen hat, haben seine Arme und Hände mit Narben gezeichnet. Das Rheuma, an dem zu viele nasse Herbste und eisige Winter schuld sind, macht ihm zu schaffen, und in letzter Zeit fühlt er das Alter. Er hat ein kleines Haus ein Stück landeinwärts, ein paar Olivenbäume und Weinstöcke. Elena, seine Ehefrau und Mutter seiner vier Kinder, drängt ihn, dass er sich endlich mit ihr dort zur Ruhe setzt. Tomo blickt zu der Kirche Sveta Eufemia hinauf, die über der Altstadt von Rovinj thront und jetzt an ihm vorübergleitet. Der Campanile mit der Heiligenfigur ragt zwischen den schwarzen Umrissen der Zypressen und Pinien wie ein Zeigefinger in den Morgenhimmel. Wenn es für ihn Zeit wird, für immer an Land zu gehen, wird Tomo die Zeichen erkennen.

Der Streifen am Horizont wird breiter und heller.

Auf dem Boden des Bootes steht ein Gaskocher. Später, beim ersten Tageslicht, wenn das Meer glatt und orangefarben glühend vor ihm liegt, wird Tomo einen kleinen Blechtopf mit Salzwasser füllen, eine Handvoll Reis und etwas Beifang vom Vortag hineinwerfen und sich einen Risotto kochen. Gestern hat er mit dem Netz einen Schwarm kleiner Kalmare aus dem Meer gezogen. Lignje, Calamari. Drei davon will er sich heute gönnen, zusammen mit einem Stück der fetten Makrele, die mit ein paar Sardinen als Köder an der Schleppleine hinter ihm hängt, und das Wasser mit ihrem Geruch tränkt.

Tomo fährt an der Insel Sveta Katarina vorbei und nimmt Kurs in Richtung Westen. Als er das offene Meer erreicht hat, stellt er den Motor ab und wartet auf die Thunfische.

Jetzt schaukelt das Boot lautlos auf den Wellen, wiegt ihn wie eine Mutter ihr Kind. Der Atem des Windes und das Schlagen der Wellen an der Bordwand sind die einzigen Geräusche. Einen kurzen Augenblick nur will Tomo die Augen schließen. Doch dann schläft er ein.

Eine starke Welle, die das Boot ins Wanken bringt, weckt ihn. Im ersten Augenblick weiß er nicht, wo er ist. Die Sonne steht jetzt auf kurz vor Mittag, und das Wasser ist dunkelblau. Hier ist das Meer kälter und tiefer als nahe der Küste. Er hat länger geschlafen als vorgehabt. Ein Stück weiter vor Tomo kreist ein Schwarm Möwen und stößt immer wieder kreischend ins Wasser. Das Boot ist weit aufs offene Meer hinausgetrieben, die Küstenlinie nicht mehr zu sehen. Ein großer Thunfisch schießt an Backbord vorbei. Der blaue Rücken und die goldenen Seiten glänzen, ehe der Fisch unter dem Heck am Köder vorbeitaucht und in der Tiefe verschwindet. Tomo nimmt die Schleppleine zwischen Daumen und Zeigefinger und schwenkt den Köder hin und her, erweckt die Makrele zu neuem Leben. Auf einmal spürt er ein Zupfen und Ziehen. Der Thunfisch ist wieder da. Das Ziehen wird stärker. Plötzlich schnellt der Fisch, die Leine im Maul, aus dem Wasser, windet sich in der Luft und taucht mit der Schwanzflosse voran wieder ins Meer.

»Bravo! Jetzt gehörst du mir, mein Freund!«

Noch heute wird Tomo seinen Fang zum Fischmarkt bringen. Er wirft einen Blick auf das Beil, das unter der

Bank liegt, und mit dem er den Fisch zerteilen wird. Die frisch geschliffene Schneide funkelt in der Sonne.

In diesem Augenblick hört er ein Rauschen.

Gleich darauf bekommt das Boot einen Stoß, sodass Tomo die Leine entgleitet und er mit dem Gesicht auf die Bordkante geschleudert wird. Der Schmerz sticht durch seinen Kiefer und bohrt sich in seinen Schädel. Trotzdem gelingt es ihm, sich gerade noch festzuklammern, ehe er ganz das Gleichgewicht verliert und über Bord geht. Schwer atmend lässt Tomo sich auf die Bank fallen und fährt sich mit der Hand über das Gesicht. Dann dreht er sich um und – brüllt los.

»Bože! O dio!«

Etwas Rötliches, Weiches, unermesslich Großes, taucht vor seinen Augen auf, verschwindet im Wasser, taucht wieder auf. Das Ding ist vor ihm, neben ihm, am Heck, am Bug, es ist einfach überall. Ein glitzerndes Auge, so groß wie sein eigener Kopf, richtet sich auf Tomo und beißender Ammoniakgestank nimmt ihm den Atem.

»O ... dio ...«

Tomo glaubt nicht an die Märchen von mehrköpfigen Seeungeheuern, von Schildkröten so groß wie Inseln und von gigantischen Tintenfischen mit meterlangen Armen, die Schiffe umschlingen und versenken. Aber das Ding vor ihm ist echt. Es berührt und betastet die Bordwand, bedrängt sein kleines Boot und schubst es wie ein Spielzeug durch die Wellen. Der an der Schleppleine zappelnde, um sein Leben kämpfende Thunfisch muss das Ungeheuer angelockt haben. Es ist weich und riesig, wird das Boot mitsamt seinem Eigentümer verschlucken wie eine Sardine.

»O dio, o dio, o dio – Bože!«

Tomo sieht dem Tod ins Auge. In seiner Not fällt ihm die Seefahrer-Kirche in Pula ein, von deren Campanile ein langflügeliger Bronzeengel den vorbeifahrenden Schiffen mit gesenktem Kopf ein riesiges Kreuz entgegenhält. Matrosen und Marinesoldaten erhielten dort unter den Augen der Madonna bei einem letzten Gottesdienst die Sterbesakramente, ehe sie auf lange Fahrt gingen oder in den Krieg zogen. Auch Tomos Großvater war unter den Zwangsrekrutierten, die der österreichische Kaiser dem Ersten Weltkrieg in den Rachen warf. Sein Vater hatte im Zweiten Weltkrieg als Partisan für die Freiheit Istriens gekämpft. Dieser Gedanke verleiht Tomo neuen Mut und neue Kraft. Das Boot treibt gerade ruhig auf den Wellen. Tomo zerrt ein dickes Schiffstau unter der Bank hervor und windet eine Schlinge. Dann greift er nach dem Beil und legt beides neben sich.

»Komm du nur, komm nur, ich fürchte dich nicht.«

Aber das Seeungeheuer ist verschwunden.

Verwirrt lässt Tomo seinen Blick über das Wasser gleiten. Vielleicht war er noch gar nicht richtig wach gewesen und hatte nur geträumt? Für einen flüchtigen Augenblick ist so ein Traum Wirklichkeit und dann zerrinnt er dir zwischen den Fingern und du hast gar nichts Wunderbares erlebt. Die Sonne lässt das Meer gleißen. Tomo starrt fast mit Bedauern und einem unbestimmten Gefühl des Verlusts auf die Wellen, die das Boot jetzt friedlich umspielen. Niemand wird ihm diese Geschichte glauben.

Etwas taucht langsam aus dem Meer auf.

Ein riesiges Auge, dunkel und glänzend, erscheint über

der Bordwand, als ginge dort ein schwarzer Mond auf. Es starrt Tomo an. Zu seinem grenzenlosen Entsetzen erkennt Tomo unter der Wasseroberfläche einen Kalmar von bestimmt zwanzig Metern Länge, einen zum Leben erwachten Albtraum. Ein Knäuel von Riesenschlangen peitscht das aufschäumende Wasser, entwirrt sich, umschlingt sein kleines Boot, drückt es zusammen. Tomo kann die Schiffsplanken knarzen und ächzen hören, gleich werden sie brechen, als wären sie ein Haufen Streichhölzer. Das Wasser rauscht in Strudeln und Wirbeln, das Boot wird in einem wilden Tanz herumgeschleudert. So muss sich der Mahlstrom anfühlen, von dem Seeleute erzählen, der die Schiffe in den Nordmeeren in die Tiefe reißt.

»O dio!« Tomo glaubt, dass er sterben wird.

Eine gigantische Schlange, auf deren Leib zwei Reihen zahnbewehrter Saugnäpfe sitzen, schiebt sich über die Bordwand, tastet suchend über das Deck, kriecht auf Tomo zu. Tomo greift mit fliegenden Händen nach dem Schiffstau, wirft die Schlinge um den baumstammdicken Tentakel und stemmt sich mit seinem ganzen Gewicht dagegen. Das Tau gräbt sich in die weiche Masse, schnürt sie ein, findet kaum Widerstand. Die Spitze des Tentakels bäumt sich auf, peitscht auf und nieder, rast durch die Luft. Tomo weicht aus, duckt sich, spürt, wie die vom Salzwasser messerscharfen Seile seine Handflächen aufreißen. Er schlingt das Tauende um das Ruder. Dann packt er mit den schmerzenden Händen das Beil.

»Ajde, mostro«, zischt er. Komm schon, Monster.

Tomo schwingt das Beil über den Kopf, lässt es auf den Tentakel niedersausen. Die Schneide gleitet in das weiche

Fleisch wie in Butter. Der Tentakel krümmt und windet sich in seiner Fessel. Tomo schlägt wieder zu, und wieder, und wieder. Sein Herz hämmert, er will nicht sterben. Auf einmal liegt die glibberige Masse still. Tomo hält inne, keucht, Schweiß brennt in seinen Augen. Dann begreift er. Er hat den Arm des Monsters abgetrennt, zumindest ein Stück davon. Tomo wischt sich über die Augen, sucht hektisch das Wasser mit Blicken ab, macht sich für den Angriff eines rachsüchtigen Ungetüms bereit. Doch das riesige Tier ist verschwunden. Nur ein Teppich aus schwarzem Schaum umgibt noch das Boot.

Tomo lässt sich auf die Bank fallen. Er braucht eine Weile, bis er nicht mehr zittert. Was werden seine Kumpel, die anderen Fischer in Rovinj wohl sagen, wenn er ihnen von seinem Abenteuer erzählt. Zwanzig Meter, na hör mal, Alter, das ist doch Seemannsgarn! Aber er hat den riesigen Tentakel als Beweis. Immer und immer wieder wird er die Geschichte von seinem Kampf mit dem Riesenkalmar erzählen müssen. Sein Foto wird auf der Titelseite von *Glas Istre* erscheinen und die Abendnachrichten werden von seiner Heldentat berichten. Der Name Tomislav Baban wird in die Geschichte der Seefahrt eingehen. Bei dem Gedanken daran, was wohl Elena sagen wird, erfasst Tomo eine Welle des Glücks und des Triumphes.

Der Tentakel verleiht dem Boot gefährliche Schlagseite und verbreitet Übelkeit erregenden Ammoniakgeruch.

Tomo beschließt, das Riesending über Bord zu werfen und es in den Hafen zu schleppen. Die Leine mit dem Thunfisch am Haken hat er verloren. Wenn er gleich losfährt, kann er noch bei Tageslicht mit seiner Trophäe in Rovinj einlaufen.

Die Zeit vergeht und Tomo rührt sich nicht.

Sein Kiefer pocht von dem Aufprall auf die Bordwand, und seine Handinnenflächen sind blutig. Er sollte die Hände ins Meer tauchen, das Salzwasser heilt alle Wunden. Stattdessen starrt Tomo aufs Meer hinaus und denkt an den Riesenkalmar. Die Schwärme fetter Thunfische müssen ihn aus der Tiefe heraufgelockt haben. Ein Kalmar, auch ein ganz kleiner, so einer, wie ihn Tomo in seinem Netz fängt, ist ein wunderbares Tier. Seine Tentakel schließen sich zu einer Spitze zusammen, wenn er wie ein Pfeil durchs Wasser schießt, oder falten sich zur Krone auf, wenn er zu seinem Vergnügen im Meer herumschwebt. Er ist weich und stark zugleich und vielleicht so schlau wie ein Mensch. Tomo hat im Radio gehört, dass in jedem Tentakel ein Gehirn wohnt. Außerdem hat dieses Tier drei Herzen und kann jederzeit seine Farbe wechseln, ganz wie es ihm gefällt, einfach so.

Ein Schwarm Möwen kreist kreischend über dem Boot. Ein besonders mutiger Vogel landet auf der Bordwand und hüpft, nach einem abschätzenden Blick zu Tomo, auf den Tentakel zu. Mit einer Armbewegung jagt Tomo die Möwe davon. Die Sonne neigt sich langsam dem Horizont zu, die Luft wird kühler und eine Brise streift Tomos Gesicht. Wenn er vor Einbruch der Dunkelheit im Fischerhafen in Rovinj sein will, dann muss er jetzt losfahren. Schwerfällig steht Tomo auf. Er hat das Gefühl, als wäre sein Rücken gebrochen. Jeder Knochen, jeder Muskel, sein ganzer Körper schmerzen. In den letzten Stunden, meint Tomo, ist er um Jahre gealtert. Schwankend geht er auf den Tentakel zu. Er muss noch die Kraft aufbringen, das Riesending über die Bordwand zu kippen, es längsseits zu holen und schließlich am Heck fest zu vertäuen. Zum Glück ist der Außenbordmotor stark genug, diesen Fleischberg durch die Dünung zu schleppen.

Tomo betrachtet das Stück des Riesen auf den Deckplanken, die Saugnäpfe mit den Zähnen. Noch immer geht ein pestilenzartiger Gestank davon aus. Er will schon die Hände auf den weichen, weißen Fleischberg legen, aber ein plötzlicher Gedanke hält ihn zurück. Der Riesenkalmar hat ihn angegriffen. Er hat ihn im Kampf verletzt und besiegt. Aber nun, so erkennt Tomo erschüttert, steht er im Begriff, einen Fehler zu begehen, den er nie wiedergutmachen kann.

Vor ihm liegt der Beweis dafür, dass er nicht geträumt hat, sondern dass ihm etwas Seltsames und höchst Wunderbares begegnet ist, und ein Gefühl der Dankbarkeit breitet sich in ihm aus. So ist das Meer, denkt Tomo, sein unermessliches Leben tanzt in der Tiefe, und nur wenigen Menschen wird ein Blick darauf gegönnt. So wie den Leuten, denen er den Tentakel zeigen will. Die Geschichte von dem Fischer und dem Riesenkalmar wird in allen Zeitungen stehen, Radio und Fernsehen werden berichten. Die Touristen werden kommen und das Wunderwesen mit Schnellbooten und Kameras jagen. Wie die rosafarbenen Delfine von Pula. Wie die Thunfische, für deren Todeskampf an ihren Sportruten sie so viel Geld bezahlen.

Tomo dreht sich um und holt das Beil.

Mit ein paar festen Schlägen hackt er das Tau entzwei, befreit den Tentakel von seiner Fessel und wälzt ihn über die Bordwand, zurück in das Mysterium, aus dem er kam. Er hört das Klatschen und Rauschen und sieht zu, wie die weiße Masse im Meer versinkt. Der Ammoniakgeruch hängt noch für kurze Zeit in der Luft, dann verfliegt er im ersten Abendwind.

Tomo setzt sich ins Heck, wirft den Motor an und nimmt Kurs auf die Küste. Leicht gleitet das Boot ohne seine Bürde über die Wellen, so leicht, wie Tomo ums Herz ist. Wenn die Kumpels nach seinem Tagesfang fragen, wird er mit den Schultern zucken und sagen, dass die vermaledeiten Thunfische nicht beißen. Am Abend wird er sich mit seiner Elena zusammensetzen und bei einer Marenda und einer Flasche Teran über Olivenbäume und Weinstöcke reden.

Richtung Insel

Nachkommen, aussteigen und loslaufen: an keinem Gleis ein Lift, nur Treppen, die schnarchende Frau verabschiedet sich mit einem Gute Reise, als hätten wir in der Nacht die Weinvorräte des Speisewagens zusammen leer getrunken, der Koffer ist zu schwer und die Hitze zu groß, vor allem der Bahnhof zu voll, Rucksäcke verdecken die Körper, Rucksäcke dienen als Kissen, als Beinablagen, Schlafburgen, Frühstückstische, auf den Rücken geschnallt, auf dem Bauch oder beides, sorry, excuse me, wann fährt der nächste Zug nach Wien, Ljubljana oder Budapest? I don't know my dear.

Draußen hocken die Tauben und die Taxifahrer im Morgenschatten des Bahnhofs, die Türen der Taxis alle offen, die glühenden Autohüllen verlassen in der jetzt schon prallen Sonne, alles prallt. Beim ersten Bäcker einen slanac und ein Wasser kaufen. Der slanac war fürs Kind das beste Brot der Welt, der slanac ist ein salziges Teil, salzig vom Wort und vom Geschmack her, das weißeste Weißbrot, einen einzigen himmlischen Tag haltbar, ein Lachen über alle vergangenen Kriegszeiten, das das Kind, das ich war, vor der Abreise tütenweise eingekauft und im Auto mitgenommen hat, der Mutter nie geglaubt, dass der slanac nach der zwölfstündigen Fahrt eher trocken als weich sein würde, so fehlte bei der Ankunft stets der Beweis für dieses beste Brot, es lässt sich nicht davontragen. Zagreb ist ein slanac.

Molim?, fragt die Verkäuferin, spreche ich leise? Jedan slanac, einen slanac, i jednu vodu, wiederhole ich und höre jedem Wort zu, jedan eins, Wasser voda, slanac slanac, meine Selbstvergewisserung verunsichert die Verkäuferin, es stimmt doch alles so, murmeln Sie nicht vor sich hin, ich habe wenig Zeit, scheint ihr Molim? ungeduldig zu meinen, entschuldigen Sie die Störung, würde ich gern antworten, es ist nur so, verstehen Sie bitte, dass ich jedes Mal aufs Neue verstehen muss, dass das, was ich so beiläufig sage, stimmt. Dass es genauso klingt wie bei allen vor mir und wie beim Herren nach mir, dass es genau von hier klingt, verstehen Sie bitte, dass es bei mir aber nachklingt und nachfragt, warum das Gesagte so anscheinend sicher hierhin passt. Oder hier herkommt? Kommen Sie von hier?

Kommen Sie von hier?

Ich halte den slanac in der Hand.

Kommen Sie von hier?

Der Zrinjevac Park vor mir, die rissigen Häuserfassaden ruhen rund herum.

Kommen Sie von hier?

Die Architektur schweigt, ist wohl schön, irgendwie schön, trägt zwei oder mehr Kriege und alle Lügen in ihrem Putz, die des Alltagsstreits, warum kommst du erst jetzt nach Hause? Gestern hast du versprochen, zum Abendessen hier zu sein! Wo warst du? Pička ti materina!, und jene alten und älteren Geheimnisse und Wechsel in den

Türrahmen, an den Namensschildern bei der Klingel, an den Fensterklinken, zwischen den doppelten Fensterscheiben, ohne Worte.

Kommen Sie von hier?

Oh ja, es ist so schön hier, so schön, strahlen die Rucksackgesichter mich an, und dann noch das Meer, ja, da waren wir auch schon! Nein, da fahren wir aber gleich noch hin! So schön –

Kommen Sie von hier?

…

Kommen Sie von hier?

Ich schwitze und beiße ab.

KOMMEN SIE VON HIER?

Ich komme hierhin.

Es ist wie eine alte Geschichte, die sich immer wieder erzählt, die sich nie zu Ende erzählt, fängt wieder von vorne an, macht die Erzählerin zur Greisin, obwohl es nicht sein kann, aber die Wiederholung, die Wiederholung, die Wiederholung misst eine eigene Zeit. Jede Ankunft und jede Abreise lassen diese alte Geschichte noch älter werden. Und zugleich von vorne beginnen. Ihre Erzählerin weiß wieder einmal, mitten drin oder erst eben angekommen, wieder einmal nachgekommen, schon nicht mehr, in welchem Teil der Geschichte sie sich befindet. Jetzt?

Weitergehen.

Eine Sprache kommt von hier und kommt nicht von hier. Wie soll sie hierher kommen, wenn sie dort war, wenn sie dort mitaufgewachsen ist, angewachsen an dem Familienküchentisch weit weg, wo sie eine Sprache hinter der Türschwelle ist und sich ins eigene Fleisch frisst und doch ständig weiterspricht, mitspricht, Familiensprache, Küchentischsprache, die gepflegt wird, doch eine aufbewahrte Sprache lebt nicht wirklich, eine aufbewahrte Sprache entwickelt sich nicht, ist ein aufgebahrter offener Sarg, alles noch da, aber nichts passiert, nur der Gestank verbreitet sich langsam. Pflege sie!, rufen die Eltern, die Verwandten. Ich pflege sie doch!, ich kaue jeden Tag auf ihr herum, auf dieser Küchentischsprache, die sich hier auf offener Straße so anders bewegt als in der kleinen Küche dort. Da sind Straßen und Plätze, da sind laut rauschende Cafés und Bars, da sind das Kino Europa, Mala Kavana, Nama, wieder und wieder: pekarnica, als würden sich alle nur von weißem Brot und krafne ernähren; da sind beschriftete Mülleimer, da ist der Eismann, jagoda, čokolada, vanilija, šumsko voće, da sind Zeitungen, Nachrichten, Graffitis an den Wänden, da sind Ožujsko, Karlovačko, Tomislav, Nikola, Andria i Krešo, volim te, bijeli kruh, crni kruh i kiflice, da sind Weinsorten, Kaffeesorten, Torten und Fluchworte, die schimpfen, loben und beides zugleich können, da ist eine herrlich hergerichtete Zagreber Dame, die einer jungen Frau entgegenruft: Isuse kak si zgodna! ’Bem ti miša kak si zgodna! da ist der unübersetzbare Moment, fluchen, beten oder beides zusammen, es hilft der hergerichteten Dame zu sagen, wie schön die junge Frau sei, Jesus und verflucht noch mal, beides kommt da nicht heran, da ist eine

Sprache, die davonrennt wie ein übermütiges Kind und gleich stolpert. Diese Sprache, eine oder meine, das Kind oder der Greis, nie richtig, klingt, wie die Eltern in der Küche sprechen und nie so alt, wie sie in Zahlen wirklich ist, klingt im Sommer immer einen Sommer hinterher und in der Bank oder Post viel zu persönlich, sie kann Großeltern ansprechen und tut es beim Postbeamten gleich, die Sonne im Rücken, der Morgen bewegt sich kaum vom Fleck, wird nur mit jedem Moment wärmer, den Großvater im Rücken, auch hier, rauchend, ganz dort, wo er sein möchte, wo er schlussendlich geblieben war. Guten Morgen, schau dir unseren schönen Zrinjevac an!, höre ich ihn sagen und an der Zigarette ziehen, ach komm, lass doch diese ewige Nostalgie, flüstere ich ihm zu und schau mir doch gern den hellen Pavillon in der Mitte des Parks an, die Bank neben mir ist leer. Zu Paris sagt der Großvater nichts, vielleicht könntest du einmal nicken oder den Kopf schütteln, nur als kleine Hilfe. Er schweigt. Beide schweigen. Beide da.

Diese Sprache und ich müssen die Schrittlänge wieder finden, sind einen in graue Platten aufgeteilten Küchenboden gewohnt, auf dem wir Kinderhüpfspiele gespielt haben und den wir lange schon mit nur wenigen Schritten durchqueren können

von der Tür bis zum Fenster und zurück
ans Fenster, vom Fenster weg
bis zur Tür und zurück
zurück an den gedeckten Tisch
und wieder vor
Vor mir jetzt der Ban-Jelačić-Platz.

Zagreb ist der Ban-Jelačić-Platz.

Oder viele Ban-Jelačić-Plätze.

Zagreb ist das Ban-Jelačić-Pferd.

In der Mitte dieses mindestens doppelnamigen Platzes steht die riesige Statue von Ban, Josip Graf Jelačić, einem Feldherrn des 19. Jahrhunderts, festgehalten auf einem Pferd, den Blick entschlossen nach vorne gerichtet, den Säbel zum Angriff, oder zum Gruß, über dem Kopf erhoben, für das Kind, das an der Hand des Großvaters den Platz überquerte, gab es aber keinen Ban Jelačić. Es gab kein Pferd. Die einen Erwachsenen nannten den Platz damals Platz der Republik, während die anderen mich korrigierten, wenn ich den Platz so nannte, und diese anderen waren mehr, ich kannte fast nur diese anderen, für die es der Ban-Jelačić-Platz war, es war eine Zeit, in der kein Ban-Jelačić-Pferd und keine Statue, aber viele Ban-Jelačić-Plätze da waren. 1947 bis 1990 war die Statue nicht da, 1947 bis 1990 war Ban Jelačić keine zu würdigende historische Persönlichkeit, 1947 bis 1990 war Ban Jelačić alles andere als eine zu würdigende historische Persönlichkeit, erst 1990 wurde die Statue wieder aufgestellt, dazwischen hatte sie jemand vorsorglich in seinen Kellerräumen aufbewahrt, bei so vielen Systemwechseln wird noch ein weiterer kommen, muss er sich gedacht haben, und es kam: ein weiterer Krieg, und es fiel: der Kommunismus, und es stand wieder: das Ban-Jelačić-Pferd. Auf zum Galopp, es scheint seit immer schon sehr ungeduldig zu sein.

Es war eine Zeit, in der sich alle Erwachsenen so sicher waren, dass jedes Warum sie sofort verunsicherte, und ich fragte bald schon nicht mehr nach. Es deckte sich nichts mehr, umso mehr passierte. Nur die Antworten auf das Warum waren so klar, dass sie nicht stimmen konnten. Zagreb ist die verschwommene Erinnerung an die Zeit ohne Warum. Es war nicht irgendeine Zeit, es war die Zeit, als das Telefon von hier nach dort und umgekehrt noch häufiger klingelte. Diese Zeit ohne Warum ist der Besuch bei den Großeltern, bei dem wir frühmorgens geweckt und zum Flughafen gebracht werden, aber viel zu früh, rufen wir, die Ferien sind noch lange nicht vorbei, und wir rufen doch noch ein verschlafenes: Warum? hinterher und bereuen es sogleich, denn es gibt sofort wieder Antworten, hektisch in den Morgen hineingerufen, die ich geradewegs vergesse. Das »sicher ist sicher«, das »geht, so lange es noch geht« sowie all die nächtlichen und frühmorgendlichen Radionachrichten, denen die Eltern und Großeltern hier und dort zuhörten, um vielleicht zu verstehen, um zwischen den Sätzen vielleicht zu hören, was tatsächlich passierte, hörten wir nicht.

Es war die Zeit, in der jedes Wort ein dunkles Versteck war, in das man tief hineinschaute und wartete, bis die Augen sich an die Dunkelheit gewöhnten. Sie gewöhnten sich nicht. Es verging bloß sehr viel Zeit, in der jeder Blick zwischen den Eltern am Küchentisch eine Nachricht von hier nach dort und zurück zu sein schien und uns Kinder nicht meinte. Bis es plötzlich wieder vorbei war. Unsere Küche sah die ganze Zeit über gleich aus. Nur der Fernseher wurde erst angestellt, als wir schon schliefen.

Es war die Zeit, in der irgendwo weit weg der Großvater zu seiner anderen Tochter eines Abends sagte: Wenn mir noch einer aus dieser Familie wegstirbt durch einen Krieg, werde ich nicht mehr weiterleben, und die Tante wusste, dass dieser Satz kein versteckter, leerer Platz war.

Es war die Zeit der Rolle und des Ban Jelačić.

In der gleichen Zeit war da eine Rolle in Zürich, die die Kindergärtnerin an mich und alle anderen verteilte, als sie von Theater sprach, aber es kam keine Rolle aus dickem Papier oder braunem Karton, die ich mir vorgestellt hatte, es kam ein Rabe, der kein Rabe war, genauso wie ein Feld entstand, wo sonst der Sitzkreis war, über das ich zu fliegen lernte. Und zugleich war kein Feld da. Genauso wie Ban Jelačić nicht da war und dennoch mit dem Aussprechen des Wortes, an der Hand des Großvaters den Platz überquerend, jedes Mal eine Herde schnaubender Pferde über den Platz galoppierte. Ich stellte mir Ban Jelačić als ein wundersam großes Pferd vor, schwarz, tief schnaufend, ich stellte mir den Raben vor und ich stellte mir dort, in der Küche zwischen der eingesperrten Sprache und den engen Bodenplatten, zwischen dem klingelnden Telefon und dem Schweigen am Tisch vor, weiterhin beim Großvater zu sein. Denn wenn Raben und Ban Jelačić so weit voneinander entfernt doch gleichzeitig da waren, musste es Verbindungen geben. Das war das Gute an der Zeit.

Und es gab andere Worte. Ohne Verbindungen.

Die Erwachsenen nannten sich die Erwachsenen und zu uns sagten sie Kinder, was ein Wort war, das weder Raben fliegen noch Städte entstehen ließ, das nur klein meinte und hieß, dass man vor der Türe warten musste. Aber wir, wir waren doch, wir waren da und wir konnten das mit den Rollen und den Ban Jelačić, die alle nicht da sind, aber überall, doch herausfinden, wir konnten Dinge, die Länder und Erwachsene und Krieg nicht konnten.

Ich überquere den Platz, in der Mitte der reitende Ban, das Einzige, was 1990 beim Aufstellen der Statue geändert wurde, ist seine Richtung, früher zeigte der Säbel Richtung Budapest, heute zeigt er weg von den alten Gegnern Richtung Süden, zum Meer, zur Großmutter hin, zu dieser Insel, die er letzten Sommer neu beschrieben hat, wo er in jeder Ecke lauert, wo es überall nach ihm, nach mir riecht, wo er so sehr herumläuft, dass ich eine alte Großmutter allein sitzen lasse, dass ich da nicht hinfahren werde, keine Hände, keinen Strand, keinen Morgen erinnern möchte, vor mir jetzt der Ban-Jelačić-Platz, wie viele meiner Vorfahren diesen Platz wohl schon überquert haben, wie viele sich hier verabredet haben, auf andere Menschen gewartet haben, egal wie der Platz gerade hieß, egal wie das Land gerade hieß, egal ob die Statue stand oder nicht, den Platz gibt es schon seit über vierhundert Jahren, und seit immer ist es der Versammlungsplatz, der Konzertplatz, der Heldenplatz, vierhundert Jahre leere Fläche, die von einer Stadt begangen wird, dieser Stadt, die in der vielen Zeit, die sie schon gesammelt hat, nur einmal diese Stadt ist, in der die gleichen Straßen und Plätze von den Großeltern, den Urgroßeltern und den Ururgroßeltern bewandert wurden, immer wieder, und immer wieder komme ich hierhin, in diese unbekannt bekannte Stadt, in diesen unheimlichen Zustand, alles zu kennen oder nichts. Oder: nichts zu wissen und alles zu verstehen. Blind durch die Straßen gehen zu können. Alles zu wissen, nichts zu verstehen. Diese

Stadt, durch die schon die pelzmanteltragende Großmutter ging, durch die der flanierende Urgroßvater ging und durch die die Mutter ging, als sie selber noch eine Tochter war. Ich bleibe kurz stehen. Zwei Jungs fahren mit ihren Skateboards langsam an mir vorbei über den Platz, ihre Körper sind ihnen zu groß, sie sind zu schnell gewachsen, noch sieht man ihnen die Überforderung an, mit diesen langen Gliedern sorgfältig umzugehen, ob sie noch auf sind oder erst wieder, vielleicht sind sie die ganze Nacht mit ihren Skateboards durch die leere Stadt gefahren, haben sich schick gemacht und sind doch zu zweit geblieben, ihre noch Kindsgesichter glühen, sind müde von der wachen Nacht oder vom frühen Morgen, ein paar Frauen laufen mit Körben und Einkaufstaschen Richtung Dolac, dem Markt, andere Frauen haben Blumenstände aufgebaut, verkaufen neben kleinen Rosensträuchern Lavendel, den ich rieche. Ich bleibe stehen. Seltene Ruhe. Ein kleines Haus vor mir, die Nummer achtzehn, es wurde 1827 gebaut, steht da, wo ich davor noch nie hingeschaut oder viel eher hingelesen, habe, wann bleibe ich je länger als einen Moment stehen und schaue mir etwas an, nicht einmal die Bilder in den Pariser Galerien oder die Gräber am Friedhof habe ich mir länger als einen Moment angeschaut, und wenn es länger war, ist der Kopf gewandert, Ruhe nur, in letzter Zeit Ruhe nur, wenn ich seinen Körper erforschte, wenn ich Haut, Gesicht, Glieder mit Händen und Lippen erspürte. Keine solche Ruhe mehr.

Der Platz ist langsam und trotz der Marktgänger und Skateboardfahrer fast leer, alle weg, wahrscheinlich sind wirklich alle am Meer, und jetzt zeigt sogar diese alte Statue

Richtung Süden, Richtung Insel, Richtung Veranda, auf der die Großmutter sitzt und auf mich wartet.

Weitergehen.

Die Cafés mitten in der Fußgängerzone eins hinter dem anderen, die Tische aneinander anschließend, noch nicht in die Wohnung, alle Cafés ähnlich, es geht weniger um die Einmaligkeit eines Cafés als um das Nebeneinander, eigentlich geht es um ein Übereinander, wer mehr Tische hat, von wegen Abstand, höchste Dichte ist gefragt, jeder leere Platz wird mit Tischen und Stühlen gefüllt, der Kellner steht unter einem der Sonnenschirme, gelangweilt, schwitzend, wie gern er am Meer wäre, ich setze mich und er schaut langsam auf, gleich wird er an meinen Tisch kommen, ich überlege, ob ich, aber nein, wozu denn, was denn, ihm von Paris erzählen, er überlegt auch, hier kann man nicht allein in Cafés sitzen, man sitzt zusammen, in Gruppen, tische-übergreifend, meist ohne Verabredung, man trifft sich, die Stadt ist doch eigentlich elend klein, ein paar Straßen nur im Inneren, keiner läuft vorbei, ohne gesehen zu werden, man wird in Zagreb gesehen, man lässt sich sehen, ständig.

Zagreb ist ein übergroßes Café, eine Promenade des Be-trachtens.

Man setzt sich dazu, man ist Mann und Frau mit sehr gut frisierten Haaren, Nägel frisch gemacht, und spricht mit, im Takt des Hebens der Tassen, des Anzündens der Zigaretten, des Dazukommens einer weiteren Person, und noch einer und noch einer weiteren, da ist ein Takt, der von all diesen Tassen, Zigaretten und Stühlen vorgegeben wird, was war unser Takt in Paris, in dem wir nur geschwiegen haben, gestottert oder Unwichtiges erzählt haben, ab dem Moment der Einfahrt des Zuges, Paris im Regen, kein Wort, ein Mensch und die Stunden, die begannen, die gehend und schweigend begannen. Er holte mich ab und wir liefen los. Wir liefen so schnell, dass mir der Atem wegblieb, dass das Stolpern unvermeidbar und die gemeinsame Zeit von Anfang an geklaut war, geschaut wurde nur nach da und dort, schau und schau und schau, hörte ich ihn durch die Wortlosigkeit sagen, wir liefen noch schneller, er zeigte mir noch mehr Stadt, noch mehr Straßen, Plätze, jetzt halt mal, anhalten, wollte ich sagen, schau her, hier und hier und hier, wollte ich sagen und sagte nichts, unsere Sprache war in Zonen aufgeteilt, Sicherheitszonen, Gefahrenzonen, in stockende, in fließende, in schweigende und in unausgesprochene Zonen, diese häuften sich und wurden noch schneller, als wir sowieso schon gingen, schau und schau und schau da, schau dort, sagte er, und wir schauten, unsere Sprache wurde zu einer regulierten Sprache, die Zonen lenkten den Tag, durchschritten mit uns die Stadt und wurden so streng eingehalten, dass die Worte ohne Luft blieben, jetzt bleib doch stehen!, und doch so bekannt. Wir hörten uns seit einem Jahr zu.

Ich würde gern jemanden anrufen, ich wünsche mir eine Verbündete, ich wünsche mir eine der Kindheitsfreundinnen herbei, mit der ich mit fünfzehn oder sechzehn oder siebzehn Jahren oder dann, als die erste von uns Autofahren konnte, als wir den ganzen Sommer mit offenen Fenstern über die Insel fuhren –, eine von denen, mit der ich mir

Lippenstift im Übermaß auf die Lippen geschmiert habe, eine von denen, mit der ich den Sommer zur wichtigsten Jahreszeit ernannt habe, zur küssenden, zur betrunkenen, als wir billigen Wein mit Coca-Cola gemischt haben, Bambus, eine von denen, mit der ich jeden Morgen in der Hitze Kaffee trank, verschmierte Mascara auf den Augen von der Nacht hinter großen Sonnenbrillen. Ich wünsche mir, dass eine dieser Freundinnen jetzt vorbeiliefe, dass sie sich setzte, dass sie ihren Autoschlüssel laut auf den Tisch knallte, dass sie sich mit den manikürten Fingern mit Verlobungsring durch die Haare führe und dass sie sagte: Ach komm, so schwer kann es nicht sein.

Dass sie sagte: Du siehst großartig aus.

Dass sie sagte: Dummkopf, lass ihn, geh nicht ran, komm her, was tust du nur?

Dass sie sagte: Komm mit, komm ans Meer, morgen, Sommer, viele Tage, komm, komm, wein, komm, ein Weißwein, jetzt.

Und dass ich ihr all das glaubte, dass es Teil eines Alltags wäre, den ich mit ihr lebte, und dass sie sich somit darum kümmern würde, dass ihre Sätze wahr würden. Und diese Sätze würden eigentlich und vor allem sagen, denn sie kommen nach all dem Gemeinsamen, dass sie die Geschichte kennen, dass sie Bescheid wissen, dass sie wissen wollen und dass ich zu Recht daran geglaubt hatte, diese Geschichte erzählen zu können. Aus allen Begegnungen lassen sich Geschichten erzählen, und erzählt man sie weiter, erzählt man sie diesen Frauen, diesen Freundinnen, vertraut man ihnen, werden sie glaubhafter.

Sie kriegen einen Rahmen, den unsere Körper um sie

bilden, der sich schließt und hält, der abhält von Einsamkeit und der auch sagt: Jetzt halt das mal aus und durch, oder eben nicht, der die Schönheit mitbestimmt und der enger wird, wenn etwas schwindet. Und dann endet es ganz eng in einer Umarmung und bleibt. Bleibt doch kurz, nur für diesen Kaffee, unsere gemeinsamen Zeiten sind kürzer geworden, seit die Jahre, die Kinder, die Arbeitszeiten und Hochzeiten dazugekommen sind, aber etwas bleibt so oder so, abseits davon. Oder mittendrin. Etwas muss doch bleiben. Dieses Etwas hält durch und das sind wir. Das waren wir. Mit diesen fünfzehn oder sechzehn oder siebzehn Jahren, als wir morgens in abgedunkelten Sommerhauszimmern eng beieinander lagen, als Hände, Schenkel und Arme sich stapelten, fast nackt, denn es war Sommer und heiß und wir zogen nur abends lange Hosen an, in denen wir schwitzten, aber gut aussahen, als wir uns in diesen kleinen Zimmern mit verklebten Augen, schwarz, und glühenden Wangen, stolz die Münder, Hände, Küsse und Zungen der letzten Nacht an den Fingern vorzählten, als wir sie zusammenzählten, denn sie galten für uns alle, unsere übereinanderliegenden Körper ruhten sich gemeinsam aus und jede Hand auf der Hüfte und jedes Bein über Bein sagte: Ich kenne deine wirren Träume am frühen Morgen, ich kenne die Hände, die dich gestern berührt haben, hier, ich kenne deinen Bauch, ich kenne deinen Geruch, lehn dich zurück, vergiss die Kieselsteine, die sich gestern Nacht in deinen Rücken gebohrt haben, als einer wieder über dir lag, einer, der gut roch, vergiss die mühevoll hochgesteckten Haare und das übermalte Gesicht, wir streckten unsere Zungen aus, wir machten Geräusche, wir waren nur Beine und Hände und Hälse und Bäuche, wir waren Teile, die wir endlich Teile sein ließen, die nicht zusammengehörten, die nicht in BHS gestopft und mit Parfüm verbunden werden mussten, die nicht gefallen mussten, es hing alles herum und auseinander und zugleich so zusammen, dass wir in diesen späten Morgenstunden hinter geschlossenen Fensterläden, als wir den Sommertag noch kurz draußen ließen, wussten, dass wir da waren, gemeinsam, wir schauten müden Sommerfliegen an der Decke zu und dem Ventilator und zupften uns gegenseitig Haare aus, wir quetschten an den Brüsten herum, denn sie waren weiterhin unerforschte Gegenden, je mehr fremde Hände sie berührten, umso unsicherer wurden die Körperstellen und ließen sich trotzdem so gern in die Hand nehmen, die Körperteile und Orte, die wir dort, verschlungen liegend, wieder zurückeroberten, wir teilten unser enges Sommerbett zu viert, zu fünft, wir feierten den Affengrund, den heißesten Tag, majmunsko, und alle weiteren Feste und gingen dann wieder gemeinsam los. Setzten die Sonnenbrillen über das verschmierte Make-up auf und die Sommerhüte und besetzten die Tische in den Cafés an der Promenade, die Sonne blendete, aufgeregte Hände, die die Tassen umschlangen.

Das waren wir.

Das sind doch wir.

Ihr liegt jetzt am Strand, mit dem Freund, dem Verlobten, dem Angeheirateten, mit den Eltern und den Schwiegereltern im Haus der Großmütter und Großväter, entspannter Sommeralltag, viele Wochen lang, und ich, ich habe euch diese und einige Geschichten schon lange nicht mehr erzählt, ich habe euch nichts erzählt von seinen unaufhörlichen Händen, Telefonanrufen und Verabredungen, von Zugfahrten und Orten, an denen ich bin, an die ihr auch mitkommen könntet, ich bin nur vorbeigekommen, habe immer wieder gesagt: jetzt und jetzt und jetzt bin ich hier, wann genau ich wiederkomme, weiß ich nicht, und war leise beleidigt, dass ihr es in all den Jahren, von Beginn an, erst ein Mal oder zwei Mal geschafft habt, mich aufzusuchen, dort, wo ich die meiste Zeit verbringe, dort, wohin man heute mit einem Bus oder einem Zug über Nacht fahren kann, in einer Stunde fliegen kann, billig sogar, du kommt ja bald wieder, habt ihr dann gesagt, sagt ihr immer wieder, wann kommst du wieder? Bald, sage ich, eben, sagt ihr, und komme wieder und wieder und erzähle nicht mehr von den anderen Orten und Menschen, die ihr nie kennengelernt habt, die mit mir aber viel mehr Alltag teilen als ihr, mit euch kein Alltag, aber eine Zeit, die von Beginn an da ist, ihr seid so lange schon da. Trotzdem: beleidigt, ja, und trotzdem: wiedergekommen, immer und immer wieder, und ihr hattet plötzlich Verlobungsringe, Autoschlüssel und Schwiegereltern, ihr habt gesagt: Ach komm, so schwer kann's nicht sein, und meintet damit, dass irgendeine bestimmte Zeit gekommen sei, in der wir nicht mehr gemeinsam in einem Bett liegen, in der ich über die Füße eines Malers gestolpert bin, der kein Maler mehr sein wollte und der seinen Verlobungsring schon längst gegen einen Ehering getauscht hatte, und während ich mit jedem Mal unsicherer werde, meinen Kopf an eure Schultern zu lehnen, sagt ihr, dass jetzt diese bestimmte Zeit gekommen sei, mit Sicherheit, ich frage nicht, welche, sondern nicke nur, und ihr werdet ungeduldig, ihr klopft immer schneller mit den Fingern auf den Tisch, raucht immer mehr Zigaretten, wippt mit den glattrasierten Beinen und ich kenne eure Körper nicht mehr.

Ihr sagt: Du bist nicht hier. Schon viel zu lange nicht mehr.

Ich sage: Das macht doch nichts. Das macht doch überhaupt gar nichts.

Und ihr probiert Hochzeitskleider und Restaurants aus und ich liege mit ihm an diesem Strand, seine Hände in der Nähe und ihr wisst nichts davon, ihr wählt den besten Wein aus und ich steige in diesen Zug, ihr schaut euch größere Wohnungen an und dann sitzen wir wieder an einem Tisch in einem Jetzt, das eure bestimmte Zeit ist und meine nicht. Und wir bestellen Kaffee und ihr sagt: Wir wissen jetzt schon, dass wir Mütter sind, wir kennen den Geruch und die Gesichter unserer Töchter und die Nasenkrümmungen unserer Söhne, und jetzt ist es Zeit für eine Hochzeit.

Eine Hochzeit!

Eine Hochzeit!

Wir heiraten.

Ich weiß es nicht.

Wir heiraten.

Ich muss darüber nachdenken.

Wir heiraten.

Ich NICHT!

Wirst du kommen? Fragt ihr noch.

Noch einen Kaffee, bitte.

Manchmal habe ich daran geglaubt, dass die zusammengerechneten Küsse uns verbinden würden, zu Verbündeten machen, die weiterhin halten. Manchmal habe ich daran geglaubt, dass diese gemeinsamen Tage im Sommer und dieser Bambus, den wir aus derselben 5-Liter-Flasche tranken, die anderen, verfehlten Stunden ersetzen könnten, ich wollte mir nicht nur vorstellen, wie es vielleicht gewesen wäre, wäre ich mit euch, wären wir zusammen hier gewesen, groß geworden, jeden Tag. Jetzt pralle ich auf eure Verlobungsringe wie auf Zement, jetzt laufe ich in eure wachsenden Bergbäuche hinein, fest sitzend und stehend seit Monaten, und erzähle nicht mehr mit. Wir erzählen nicht mehr zusammen, nur noch davon. Oder eben nicht. Ich weiß nicht, warum ich euch nichts von ihm gesagt habe.

Irgendwann.

Dazwischen.

Ja, ich werde kommen. Ich werde mir ein Kleid für die Hochzeit kaufen und für die Taufen, ich werde anreisen, immer wieder anreisen, zu all euren Hochzeiten und auch zu allen anstehenden Beerdigungen der alten und älteren Verwandten und Freunde, auch zu jenen der jüngeren und unerwartet Verstorbenen, und die Hochzeits- und Tauf- und Beerdigungskleider werden sich im Schrank stapeln, bis ich sie in eine Kiste stecken und unters Bett, neben jene Kiste mit den von der Großmutter geschenkten Rosenkränzen, legen werde.

Weitergehen.

Und irgendwo hinter mir scheint es zu flüstern, fast liebevoll, wärst du hiergeblieben, würdest du heute Abend mit
uns in der Kneipe um die Ecke sitzen, beim alten Andrej,
billigen Weißwein trinken und uns endlich mal von ihm erzählen. Und wir würden dir noch einen Wein bestellen und
irgendwie würde es irgendwann langsam leichter werden.
Und wir würden fragen: Wie war es in Paris?

Mitten in der Innenstadt das Haus, endlich der Hausflur
hinter der schweren Eingangstür, das Treppenhaus immer
kühl. Der Ort der Älteren, der Vielen, jetzt einer der Eltern, mit einem Geruch wie im Kindheitshaus der Mutter,
sagt sie, ich kenne es nicht, es steht nicht mehr, schon lange
weg, oder wie in vielen Häusern, den meisten, und doch
hat die Mutter vielleicht dieses Haus wegen des Geruches
gewählt, der ähnlich bleibt und irgendwie erinnern kann,
eine Mischung aus Feuchtigkeit und dem Geruch von Mittagessen, von heute, von gestern, von Sonntag auch noch
in der Luft, der Abfall, danach durchs Treppenhaus nach
unten getragen, ich steige langsam, Stufe für Stufe, Stock
für Stock, hoch, Damenparfüm, ein Hund und Holz, so
roch der Hauseingang jener Großmutter, von der nur noch
ein Pelzmantel im Schrank hängt, eine Stadt, in der noch
Pelzmäntel getragen werden, die Wohnung der Großeltern,
als sie dann Großeltern waren, wiederum roch nach Großvaters Zigaretten, nach Großmutters Nagellack, Nachklang
von Ruhm in der Luft, nach Großmutters Huhn, Suppe
und Torten, Staub, die Heizung zu stark, immer Motten-
kugeln und Grafit, ein Kanarienvogelkäfig. Und obwohl
ihre toten Körper seit Jahren in Särgen verschwunden sind,

bleibt der Geruch dieser Großmuttervaterwohnung an jenem Pelzmantel haften, den die Mutter nach der Beerdigung der Großmutter in den Schrank dieser Wohnung hier gehängt hat, der Geruch hat sich eingenistet und ist nicht wegzubringen, hoffentlich nie wegzutragen, soll er lieber im dunklen Schrank aushängen. Ich betrete die Wohnung, stehe mittendrin, in diesem Schiff, so groß, zu groß. Ich öffne den Schrank und rieche die Großmutter. Immer noch. Und ich setze mich unter den Pelzmantel. Und ich schließe die Schranktür, schließe die Stadt und ihre Straßen weg, die vielen Kilometer an Bewegung bleiben langsam stehen und es bleibt die leere Wohnung, in welcher der Pelzmantel der toten Großmutter hängt, außen vor. Und es bleibt der Geruch vom Pelzmantel der toten Großmutter.

NATAŠA DRAGNIĆ

Lauras Lieblingskleid

Groß wie zwei Unterteller in ihrem Puppenhaus waren die Augen des Mannes. Und sie bewegten sich nicht. Der Mann saß ruhig im Strandkorb. Er war weiß im Gesicht wie Lauras Lieblingskleid. Sie hatte es zuletzt auf der Hochzeit ihrer Kusine angehabt. In den Haaren trug sie einen Kranz aus weißen Rosen, und ihr Blumenkorb war voller weißer Rosenblätter. Sie war das Blumenmädchen. Das erste Blumenmädchen. Tanja war nur das zweite und das gefiel ihr ganz und gar nicht. »Ich gebe dir meine neue Puppe, wenn du mich als Erste gehen lässt«, sagte sie zu Laura. Es war für Laura nicht leicht, Nein zu sagen. Tanjas neue Puppe konnte sprechen, weinen, lachen UND gehen! Sie schloss die Augen fest und zählte bis zehn. Sie atmete tief durch. Das hatte sie von Frau Wecker im Klavierunterricht gelernt. »Wenn du aufgeregt bist, Liebes, wenn deine Hände zittern und du denkst, du hast alles vergessen und wirst keine einzige Note schaffen, dann mach die Augen zu, mein Kind, atme tief ein und im Nu wirst du ruhig sein«, so sprach Frau Wecker zu ihr, und Laura hatte es schon dreimal getestet, jeweils vor einem Konzert, und es hatte immer geklappt. Also atmete Laura tief ein und aus, ein und aus, ein und aus und sie machte die Augen auf und blickte tapfer in Tanjas erwartungsvolle, siegessichere Augen – Laura mochte Tanjas Augen nicht, sie waren irgendwie farblos und klein – und sagte: »Nein.« Einfach so. Klar und deutlich. Mutter hatte ihr das beigebracht, klar und deutlich zu sprechen. »Dann verstehen dich die Leute gleich, und du musst dich nicht wiederholen.« Tanja sah sie mit offenem Mund an. Laura dachte, das sei kein schöner Anblick, sagte aber nichts, drehte sich um und ging weg. Es war eine wunderbare Hochzeit gewesen, und Laura hatte alles richtig gemacht. Als ihr Blick den ihrer Mutter traf, sah sie Tränen in ihren Augen, sie glitzerten wie die Perlen um ihren Hals. Die Augen des Mannes im Strandkorb glitzerten nicht. Überhaupt nicht. Und obwohl die Sonne hoch am Himmel stand – es war Mittag, alle waren essen gegangen, und Laura hatte versprochen, gleich nachzukommen, wenn sie mit ihrer Sandburg fertig geworden wäre – und direkt in sein Gesicht schien, störte es ihn nicht! Ohne zu blinzeln starrte er die Sonne an. Es war schlecht für die Augen, das wusste Laura genau, denn ihr hatte man es schon vor vielen Jahren verboten und als sie es einmal doch tat, hielt sie nicht lange aus und war wie blind, alles um sie herum ging verloren, und die Welt bestand aus lauter schwarzen Flecken. Sie tat es nie wieder. Sie sah auf den Eimer und die Schaufel in ihrer Hand. Es war sicher schon spät. Sie musste gehen. Aber etwas an diesem ruhigen Mann hielt sie fest. In ihrem Eimer war noch Sand. Laura überlegte kurz. Sie sah den Mann an. Dann den Eimer. Es war keine leichte Entscheidung. Und dann plötzlich hob sie den Eimer und leerte ihn mit einem Schwung ins Gesicht des Mannes. Sie machte gleichzeitig einen Satz zurück, zur Flucht bereit. Sie atmete schnell, und ihre Wangen brannten vor Aufregung. Aber nichts geschah. Alles umsonst. Sie sah sich um. Das Meer wellte sich wie gelangweilt vor sich hin. Der Strand war fast leer, die wenigen Menschen lagen verschlafen und von der Sonne erledigt auf ihren grünen Liegestühlen. Laura konnte damit nichts anfangen. Sie mochte es nicht, wenn ihre Mutter sie dazu zwang, sich auch auf so eine Liege auszustrecken, »ausruhen« nannte sie das. Als wollte Laura sich ausruhen, als hätte sie nichts Wichtigeres zu erledigen! Es gab auf dem Strand immer so viel zu tun. So viele Körbe, um die man herumlaufen konnte! So viel Sand, mit dem man so viel bauen konnte! Laura schüttelte den Kopf. Merkwürdig. Die Sandkörner, die sie auf den Mann geworfen hatte, klebten in seinen Haaren – er hatte nicht besonders viele Haare, aber das machte Laura nichts aus, sie hatte einen Onkel, eigentlich war er gar kein richtiger Onkel von ihr, sie musste ihn nur so nennen, Onkel Fred, und der hatte überhaupt keine Haare, seine Kopfhaut war sehr dünn, fast durchsichtig und sie glänzte wie eingeschmiert, und es sah meistens so unheimlich aus, dass sie Angst bekam und wegsehen musste. Der Sand hing auch überall an dem Gesicht des Mannes, an der Nase, im Mund und sogar in den Augen. Laura zog die Stirn zusammen, so lange, bis sie spürte, dass sich darauf Falten bildeten. Sie hatte oft beobachtet, wie sich solche Falten nicht nur auf der Stirn, sondern über das ganze Gesicht verbreiteten, zum Beispiel bei ihrer Mutter, wenn sie mit der lauten, kreischenden Frau telefonierte – Laura hatte sie einmal kennengelernt und sofort auf ihre Liste der ungemochten Personen gestellt – oder über eine Frage nachdenken musste, die Laura gar nicht so schwierig fand. Sie fand aber diese Falten zaubervoll! So wichtig! Wie Magie kamen sie ihr vor, so wie sie aus nichts entstanden. Und jetzt musste sie auch nachdenken, wie ihre Mutter, aber natürlich über viel wichtigere Sachen, denn es störte sie sehr, dass der Mann ruhig dasitzen konnte, obwohl seine Augen voller Sand waren! Es musste schrecklich brennen und jucken und wehtun! Schon bei dem Anblick musste Laura blinzeln! Sie beugte sich langsam und vorsichtig zu ihm und dabei stieß sie an seinen Fuß. Sie sprang zurück und fiel fast um, vor Schreck ließ sie den Eimer und die Schaufel fallen. Ihr Herz raste. Sie vergaß zu atmen, vor allem vergaß sie aber Frau Wecker und ihre Ratschläge. Sie starrte auf den großen, weißen Fuß, der halb aus dem Sand hervorragte, und sie musste an ihre Großmutter denken, die alt und weiß und kalt auf einem Bett lag und schlief und sich nicht bewegte, auch wenn Laura ihre Hand genommen und ihre Wange berührt hatte. Sie hatte ihre Mutter angesehen, die neben ihr stand und ihre Hand hielt und sie anlächelte, obwohl ihr Tränen über das ganze Gesicht liefen. »Es ist alles in Ordnung«, sagte sie, obwohl völlig klar war, dass nichts in Ordnung war. Genauso wie jetzt. Nichts war in Ordnung. Laura versuchte ihre Beine in Bewegung zu setzen. Die steckten aber im Sand fest wie einbetoniert. Das hatte Laura in einem Zeichentrickfilm gesehen. Es war sehr lustig, wie sich der Kater angestrengt hatte, nichts hatte ihm aber helfen können. Und die Maus hatte natürlich gelacht … Laura sah sich um. Hier lachte niemand. Das Meer schäumte hinter ihr und gab gelangweilte Töne von sich. Sie wandte sich dem Mann wieder zu und musste staunen: Eine große Möwe saß auf seiner Schulter. Weiß wie Lauras Lieblingskleid.

ALIDA BREMER

Träume und Kulissen

Eine grau umrissene Gestalt klopfte an die Tür einer im dritten Stock gelegenen Wohnung in der Ban Mladenova Nr. 5. Es regte sich nichts. Warum sollte es auch, es war kurz vor fünf, eine Uhrzeit, zu der im Sommer sogar Schlafwandler, demente Alte und chronisch Kranke in den Schlaf finden. Der Klopfende verlagerte sein Gewicht von einem Bein auf das andere und begann, lauter zu klopfen. Irgendwann trommelte er recht kräftig gegen die Holztür, doch noch immer bewegte sich in der Wohnung nichts. Er fasste Mut und schlug mit voller Wucht in ziemlich kurzen Abständen fünf, sechs Mal hintereinander zu. Eine Tür in der zweiten Etage öffnete sich, und eine verschlafene Stimme fragte von unten: »Wer ist da?«

Der Gesuchte war Kriminalkommissar Mario Bulat, dem der Polizeianwärter, nachdem er ein Stockwerk tiefer gestiegen war, mitteilte, dass im Keller des Polizeigebäudes seit einer halben Stunde eine Leiche liege, die jemand dorthin gebracht habe. Man habe außerdem nach Doktor Radman geschickt, mehr könne er nicht sagen, und er werde jetzt, wenn der Herr Kommissar erlaube, wieder zurückgehen. Mario Bulat sammelte seine Kleidung zusammen und schlich aus dem Zimmer, in dem seine Nachbarin Irena Ugrin gleichmäßig atmete, um sich in der Küche anzuziehen. Der Lehrling hatte verstört auf seine Unterhose gestarrt, als ob es unanständig wäre, wenn man im Sommer ohne Schlafanzug schlief. Im Badezimmer ließ er etwas Minzöl in ein Glas Wasser tropfen, gurgelte ausgiebig, strich sich mit den Fingern durch das Haar und spritzte sich etwas Wasser ins Gesicht.

Der Tod seiner Frau hatte Mario ratlos zurückgelassen und wenige Wochen nach der Beerdigung in Irenas Arme getrieben. Sie hatte eine Schüssel mit frittierten Sardellen in einer Marinade aus Zwiebeln, Kapern, Olivenöl und Zitrone mitgebracht und gefragt: »Haben Sie Brot im Haus?« Zum Glück hatte er Brot, das sie später in die Marinade tunkten, während ihm Irena Rilke vorlas. Ein bestimmtes Gedicht müsse er unbedingt hören, hatte sie gesagt. Es handelte von Orpheus, der über den Tod seiner Frau so betrübt war, dass die Götter ihm erlaubten, sie aus dem Reich der Toten zurückzuholen. Auf dem Weg zurück ins Leben drehte er sich voller Ungeduld um, während Hermes mit seiner toten Frau Eurydike leise hinter ihm herschlich. Das war gegen die Absprache, und seine Frau, »diese So-geliebte«, versank deshalb für immer in die Ewigkeit des Jenseits. Am traurigsten fand Mario, dass die Tote nicht mehr gewusst hatte, wer der Mann war, der vor ihr herging und sich zu ihr umgedreht hatte. Ihre Schritte, so hieß es im Gedicht, waren »von langen Leichenbändern beschränkt«.

Jetzt wartete eine Leiche im Polizeigebäude auf ihn. Ohne einen Anhaltspunkt zu haben, tippte Mario Bulat, während er durch die leeren Straßen schritt, auf Politik. In den letzten Wochen herrschte im Hauptgebäude der Spliter Polizei einige Unruhe. Die Kriminalpolizei war davon nicht betroffen, aber man kam nicht umhin, bei der Politischen Polizei eine ungewöhnliche Betriebsamkeit zu bemerken. Agenten gingen ein und aus, einige waren aus der Hauptstadt angereist, um die lokalen Kräfte zu verstärken. Bulat ließ die Tür seines Büros häufig offen, da es in dem Gebäude unangenehm warm werden konnte, und so stolperten gelegentlich Männer, die er nicht kannte, zu ihm herein, entschuldigten sich und verschwanden wieder.

An Spitzel war man in Split gewohnt. Seit Beginn des Jahrhunderts tummelten sich Österreicher, Ungarn, Türken, Bulgaren, Rumänen, Ukrainer, Albaner, Italiener, Franzosen, Serben, Russen, Griechen, Deutsche, Tschechen, Polen, Briten und sogar Amerikaner in der Stadt. Alle unterhielten ihre Netze von Schnüfflern, die an die jeweiligen Auftraggeber in ihren Ländern berichteten – man fragte sich bloß, was? Das jugoslawische Königreich wirkte bisweilen wie ein Umschlagplatz, auf dem keine Handelswaren, sondern politische Ideen, nationale Spinnereien, Abenteurer, Agenten und Flüchtlinge verladen wurden.

Mario Bulat hatte bis zum Ausbruch des Großen Krieges unter den Österreichern gedient. Im Krieg musste er für sie kämpfen, ohne dass er je verstand, warum, nach 1918 war alles anders. Plötzlich hieß es, ausgerechnet jenen zu dienen, die die alte Monarchie gestürzt hatten.

Der amtierende Polizeipräsident war in seiner Treue zum jugoslawischen Königreich eine Spur zu eifrig. Er trauerte der Diktatur nach, die zwischen 1929 und 1934 das Land in eiserner Umklammerung gehalten hatte – bis der König im Hafen von Marseille ermordet worden war. Seine letzten Worte hatten angeblich gelautet: »Achtet auf mein Jugoslawien.«

Die internationale Presse hatte das Attentat auf Aleksandar I Karađorđević als ein schlechtes Zeichen für den Frieden in Europa gedeutet. Hatte der Große Krieg nicht mit einem Attentat auf dem Balkan begonnen? In Berlin hielten sich die offiziellen Stellen mit Äußerungen zurück. In London und Paris wurde man sich schnell einig: Das Verhalten der Balkanstämme bedeute nichts für den Rest Europas, mochten sie sich dort unten die Köpfe einschlagen, wie sie wollten. Doktor Radman war da anderer Meinung: »Der Balkan wird als rückständig betrachtet, dabei sind wir die Avantgarde. Wo wir einmal waren, kommen die anderen erst hin.« Aber Doktor Radman sagte häufig unverständliche Dinge, über die es sich nicht zu streiten lohnte.

Mit der Zahl der Anhänger des gemeinsamen Staates Jugoslawien wuchs in Split auch die Zahl seiner Gegner, was nicht selten zu Schlägereien in den Kaffeehäusern führte. Den Polizeipräsidenten schien das weniger zu beunruhigen als die kommunistische Gefahr. König Aleksandar I Karađorđević war nicht von Kommunisten, sondern von Nationalisten getötet worden, aber dieses Argument überzeugte den Polizeipräsidenten nicht. Seine letzte Weisung an alle Abteilungen verlangte, die Aktivitäten der zugereisten Kommunisten aus dem Deutschen Reich zu überwachen. Mario Bulat hoffte, dass der Tote nicht einer von ihnen war oder irgendetwas mit ihnen zu tun hatte. Angeblich tummelten sie sich in großer Zahl in der Stadt. Sie waren dem Regime in ihrem Land entflohen, aber sie hatten sich das falsche Land ausgesucht, denn hier waren sie nicht willkommen.

Doktor Radman stand mit dem Rücken zum Eingang, tief über den Steintisch gebeugt. In dem Kellerraum war es angenehm kühl, aber es roch nach Blut und Tod.

»Drei Stiche in die Brust«, sagte der Arzt statt einer Begrüßung.

»Darko Barić!« Mario Bulat war nähergetreten und zeigte sich erschüttert.

»Schönes Gesicht, makelloser Körper. Das Schicksal macht nicht Halt vor den Anständigen. *Habet sua quemque dies*«, sagte der Arzt. »Einen jeden ereilt sein Tag.«

Der Doktor arbeitete im Städtischen Krankenhaus, das nur ein Park vom Polizeihauptgebäude trennte. Er hatte in Wien Medizin studiert und war als junger Arzt zurück nach Split gekommen. Nachdem er im Großen Krieg als Gefangener in einem britischen Lazarett gelegen hatte, wo er sich später, als die Briten begriffen, dass er Mediziner war, fortbilden durfte, wurde er zu einem Arzt für alle Fälle. Er operierte und entband, säuberte Wunden und legte Schienen an, sezierte Tote und verteilte Kräuter, die er auf den Pfaden in den umliegenden Bergen pflückte. Für die lokale Zeitung schrieb er ab und zu Artikel, die mit Zitaten aus der Weltliteratur und lateinischen Maximen gespickt waren. »Latein sollte die zweite Muttersprache aller Europäer sein!« Er trug maßgeschneiderte Hemden und dazu stets eine gepunktete Seidenschleife um den Kragen; nicht einmal zu Hause traf man ihn ohne sein *Mascherl* an.

...

»Der Mann ist vor vier bis acht Stunden gestorben«, sagte Doktor Radman.

»Stjepan, wann ist der Tote hier angekommen?«

»Ziemlich genau um vier«, antwortete der Wachtmeister, der darauf gewartet hatte, angesprochen zu werden. »Aber von Ankommen kann nicht die Rede sein. Er wurde *gebracht*. Die Pforte am Durchgang war verschlossen. Um vier klopfte es, und als ich aufsperrte, stand da dieser Fischer mit seinem Karren. Ich dachte erst, der Mann sei betrunken. Im Karren lagen keine Fische, sondern nur der Tote.«

»Wer ist der Mann? Und wo ist er jetzt?«, fragte der Kommissar.

»Fran Nisiteo. Sie müssten ihn kennen, jeder kennt ihn. Er wollte unbedingt wieder zu seiner Tochter zurück, so dass ich ihn einsperren musste. Danach habe ich die Fundstelle untersucht. Nichts außer Blutspuren.«

»Ist er wirklich so dumm oder verstellt er sich nur?«

»Ich habe ihn in die Ausnüchterungszelle gesperrt. Nur für ein paar Stunden, das habe ich ihm versprochen. Vorher hat er mir noch geholfen, den Toten von der Karre zu heben und auf den Tisch zu legen.«

»Warum sollte er uns einen Toten bringen, den er vorher selbst erstochen hat?«

»Ich sorge dafür, dass die Leiche ins Krankenhaus geschafft wird«, sagte Doktor Radman, der die Hände des Ermordeten mit einer Lupe inspizierte.

»Ich werde zu seiner Mutter gehen müssen«, sagte der Kommissar und seufzte.

»Ja, die Mütter, unsere dalmatinischen Mütter. Flattern um ihre Söhne wie aufgescheuchte Schutzengel. Oder wie Krähen. Kannten Sie *šjora* Petrinelli, die neulich gestorben ist?«, fragte Doktor Radman, während er mit einer langen Pinzette an der rechten Hand des Toten zupfte.

»Die Mutter des Apothekers?«

»Ich war vorher noch bei ihm. Er hat in der Nacht Albträume gehabt. Kommt wohl vom schweren Essen und dem einen oder anderen Tropfen zu viel. Er soll gestern Abend bei den Torchios gewesen sein, aber es ist ihm nicht bekommen. Er hat von einem Riesenfisch geträumt, der sich in eine Männerleiche verwandelt. Ich habe mir eine Traumdeutung erlaubt: Kastrationsangst. Der Fisch ist seine verstorbene Mutter und die Leiche er selbst.«

»Bei allem Respekt, *šjor* Radman, das hört sich eher nach einer Zeugenaussage an. Ich muss mit Petrinelli sprechen.«

»Er schläft jetzt, ich habe ihm Baldriantropfen gegeben. Er wird nirgendwohin verschwinden, keine Sorge.«

»War Barić vielleicht auch bei den Torchios? Die Kleidung spricht dafür.«

»Und was die Kastrationsangst betrifft: In der Menschheitsgeschichte hat es ja schon alles gegeben, auch Inzest gehört dazu, *horribile dictu.*«

»Sie haben mir schon mehrmals von Ödipus erzählt, *šjor* Doktor. Und von diesem Wiener Arzt auch, der die Träume deutet.«

»Freud, er heißt Sigmund Freud. Ich hatte die Ehre, ihm einmal unsere Stadt zu zeigen. Er wollte die Sphinx sehen.

Seine Frau kaufte feines Tuch bei den türkischen Händlern auf unserem Basar.«

»Die Sphinx? Wegen Ödipus?«

»Gewiss. Es ist sein Thema. Die Kuriosa um Mütter und Söhne haben ihn berühmt gemacht. Sagen Sie Antonio ruhig, dass ich Ihnen von seinem Traum erzählt habe. Er hat bestimmt nichts zu verbergen. Ich empfehle mich, meine Herren«, sagte der Arzt, nicht ohne einen letzten forschenden Blick auf die Leiche geworfen zu haben.

Der Wachtmeister hatte von diesem ganzen Palaver kein einziges Wort verstanden. Er fragte sich, ob sich in Doktor Radmans Kopf eine Wandlung vollzogen habe, von Vernunft zu Irrsinn, so wie wenn Wein zu Essig wird, aber niemand die genaue Ursache kennt.

Er zog vorsichtig das Laken über das Gesicht des Toten.

Gegen neun Uhr kramte Frederick Achnitz im Schränkchen neben seinem Bett nach den zwei Keksen, die ihm Jana vor einigen Tagen gebracht hatte. Dann kochte er eine Tasse Mokka, so wie er es hier in Split gelernt hatte: Er füllte eine Tasse Wasser in die kupferne Kanne, ließ es aufkochen und mischte einen Teelöffel Zucker und einen gehäuften Löffel Kaffee hinein. Der braune Schaum schnellte nach oben. Er beugte sich darüber, um den Geruch einzuatmen. Jana, Jana, Jana, dachte er.

Immer noch über die Kanne gebeugt, begann er eine Zigarette zu drehen. Die Männer hier drehten ihre Zigaretten so geschickt, dass er den Ehrgeiz entwickelt hatte, es ihnen gleichzutun. Er mochte auch, wie sie mit ruckartigen Kopfbewegungen ihre Schnapsgläser leerten, während sie über die Revolution und ihre Folgen stritten – die einen feierten alles, was aus Russland kam, die anderen misstrauten Stalin. Frederick hielt es mit den Ersteren. Er war siebzehn gewesen, als ihn die Nachricht von der Oktoberrevolution in Erstaunen versetzt hatte: Da hatte sich jemand tatsächlich getraut, das durchzusetzen, was er in seiner jugendlichen Empörung für richtig und gerecht hielt. Er hatte in Berlin einen Exil-Russen gefunden, der ihn im Tausch für Deutschstunden im Russischen unterrichtete. Er behauptete, bei einem Stummfilm von Sergei Eisenstein als einer von vier Kameraleuten mitgearbeitet zu haben.

Seine Freunde aus Split lachten gerne. Sie zeigten mit dem Finger auf seine Brille, sie fanden, er sehe mit dieser goldenen Brillenfassung wie ein *buržuj* aus, ein *bourgois*. Oder sie spotteten über seine kurze Hose, in der er eines Tages erschienen war. Das sehe doch aus, als wäre er ein Kind. Die größte Hitze könne sie nicht dazu bringen, eine kurze Hose zu tragen, erklärten sie ihm, und er lachte mit. Im *Eden*-Kino hatten sie zusammen *Dick und Doof* gesehen, das Publikum hatte sich totgelacht. Seine neuen Freunde warnten ihn: Hier gebe es ebenso viele Spinner wie anderswo. Auch *Triumph des Willens* hatten sie gemeinsam gesehen.

Sie staunten, als er ihnen erzählte, dass er Leni Riefenstahl einmal begegnet sei. Er würde die Kamera gerne so beherrschen wie sie, erklärte er ihnen, aber er hätte Hitler nicht so gefilmt, als würde er wie ein Gott in den Himmel emporsteigen, nur die Wolken hinter ihm. Nicht von unten, sondern von oben oder schräg von der Seite.

Er werde in einer Woche nach Barcelona aufbrechen, um

dort bei der Volksolympiade einen sozialistischen Sport-
film zu drehen. Er werde die Athleten als Brüder der Arbei-
ter darstellen, er werde sie im Rhythmus des Kampfes für
eine gerechtere Gesellschaft ins Bild setzen. Von Jana hatte
er gelernt, dass man Wespen vertreiben konnte, indem man
grob gemahlenen Kaffee in einer Tasse anzündete. Seinen
Film über die Volksolympiade werde er mit einer Szene
beginnen lassen, in der die Wespen wie verrückt vor dem
braunen Rauch fliehen.

An der Tür klopfte es. Es war nicht Jana, wie Frederick
plötzlich grundlos hoffte, denn Jana kam nie um diese Zeit,
sondern der Verbindungsmann. Er trug eine dunkle Brille,
eine zerknitterte schwarze Hose und ein schmutziges
weißes Hemd mit hochgekrempelten Ärmeln. Das spitze
Bärtchen war frisch gestutzt, der silberne Piratenohrring
baumelte an seinem Ohr.

»Ich wollte dich warnen.« Der Verbindungsmann sprach
Russisch mit dem harten Akzent eines Südslawen: »Heute
Nacht hat es im Hafen einen Mord gegeben. Man wird uns
beschuldigen, deswegen soll es in den nächsten Tagen keine
Treffen mehr geben. Es wäre gut, wenn du dich an deine
Deutschen halten und mit niemandem sonst sprechen würdest. Auch mit Jana nicht. Wie ich unsere Polizei kenne,
wird es zuerst unter den Fischern und Hafenarbeitern Verhaftungen geben. Dann werden ihre Agenten nach Listen
vorgehen, die sie über unsere Mitglieder zusammengestellt
haben. Jana steht bestimmt drauf. Geh ihr also bitte aus
dem Weg.« Er schwieg, drehte sich um, als wollte er gehen,
dann wandte er sich noch einmal um: »Und halte dich von
Joseph Krause fern. Er ist mit den Filmleuten von diesem

Harry Piel zusammen, sie wohnen in der Pension *Schiller*. Er ist ein Gestapo-Spitzel.«

Wieder allein in seinem Zimmer, drehte sich Frederick eine weitere Zigarette. Er würde niemandem etwas von dem Stöhnen erzählen, das Jana und er im Hafen gehört hatten. Dem Piraten schon gar nicht! Allein die Art, wie er sagte, dass er sich an »seine Deutschen« halten solle, gefiel ihm nicht.

Seit der Oktoberrevolution galten die Kommunisten überall als große Gefahr, vielleicht waren sie deshalb so geheimnistuerisch. Sie verdächtigten sich gegenseitig, und niemand war vor der Kontrolle durch die Partei gefeit. In letzter Zeit kamen aus Russland widersprüchliche Nachrichten. Er beschloss, nicht darüber nachzudenken, bevor er Barcelona erreicht haben würde. Dort, auf dem Sportfest, bei dem die gesamte Internationale versammelt wäre, würden sich die Dinge klären. Hoffentlich. Er drückte die Zigarette aus und verließ seine Wohnung. Er tauchte in die lärmende und heiße Stadt ein, als wäre sie aus Wasser und nicht aus alten Steinen erbaut.

Wenngleich der Hinweis von Doktor Radman, Antonio Petrinelli habe von einer Männerleiche als Fisch geträumt, merkwürdig klang, notierte sich Mario Bulat den Namen des Apothekers als einen möglichen Ausgangspunkt.

»Der Apotheker? Er hat etwas geträumt? Sind Sie nun auch dem Unfug der Wahrsagerei verfallen? Hören Sie, mir wäre es wichtig, dass Sie die Kommunisten und ihr Treiben nicht außer Acht lassen«, sagte der Polizeipräsident, als ihm der Kommissar die Sachlage auseinandersetzte.

Der Fall Barić war gerade einige Stunden alt, und Mario Bulat wusste nicht so recht, wer noch als Wahrsager ins Visier seines Vorgesetzten geraten war und warum dieser jetzt schon die Kommunisten in Verdacht hatte.

»Es ist noch zu früh für Schlussfolgerungen, aber natürlich werde ich auch sie berücksichtigen«, sagte Mario Bulat.

»Sie wissen, wo unsere politischen Prioritäten derzeit liegen.« Der Polizeipräsident war mit seinen Warnungen noch nicht am Ende. »Wir haben einige Verhaftungen durchgeführt und kompromittierendes Material beschlagnahmt. Broschüren voller Phantasien über eine Gesellschaft, in der es keine Nationen und kein Privateigentum mehr geben soll. Gefährliche Schwärmereien!«

Admiral Philip Andrews war der Erste gewesen, den Mario Bulat über die Gefahr hatte sprechen hören, die von dem bolschewistischen Russland ausgehend die ganze Welt bedrohte. Das war vor sechzehn Jahren gewesen. Der Amerikaner hatte nach einem Vorfall, bei dem der Kapitän des italienischen Panzerkreuzers *Puglia*, Tommaso Gulli, ums Leben gekommen war, die Lage in Split befriedet. Bei einem Abendessen nach dem Tumult hatte er Bulat zur Seite genommen und ihm erklärt, warum trotz allem nicht von den Nationalisten, sondern von den Kommunisten die größere Gefahr ausgehe. In ihrem Neid auf wohlhabende Menschen würden sie durchsetzen wollen, dass jedermann in der Welt gleich arm wird.

Die *Puglia* schmückte unterdessen in voller Würde und Größe das Anwesen Gabriele D'Annunzios am westlichen Ufer des Gardasees. Sie war ein Geschenk Mussolinis an den Protofaschisten und Poeten, von dessen Schreibkunst

Irena nicht viel hielt, obwohl sie eines seiner Gedichte, in dem es in einem Pinienhain regnete, als gelungen bezeichnete. »Was nun«, hatte Mario Bulat sie darauf gefragt, »taugt der als Dichter, oder haben ihn seine Eskapaden für immer den Platz im Parnass gekostet?« »Sowohl als auch«, hatte Irena geantwortet.

»Vergessen Sie nicht die Hartnäckigkeit, mit der die Kommunisten ihre Ziele verfolgen. Immerhin besaß Barić fünf Fischerboote! Die Roten sind Besserwisser, die für ihre Ideale töten«, sagte der Polizeipräsident und streckte dem Kommissar mit Schwung seine Hand entgegen.

Die Ermittlungen konnten beginnen.

ANDREJ NIKOLAIDIS

Die Ankunft

Noch bevor wir das Haus betreten, steigt uns Blutgeruch in die Nase. An der Eingangstür befinden sich keine Einbruchsspuren. Der Mörder muss geklingelt haben und die Tür von innen geöffnet worden sein. Ich drehe mich zu Janko um und sage: Wahrscheinlich haben sie ihn gekannt. Pst, leise, warnt er mich, wahrscheinlich, weil er Angst hat, der Mörder könnte noch im Haus sein.

Ich blicke mich um. Um unseren Streifenwagen hinter den Zypressen, die das Anwesen der Vukotić umgeben, versammeln sich bereits neugierige Nachbarn. Ein paar Kids rasen in einem frisierten Fiat, aus dem laute Musik dröhnt, vorbei und verlieren in der Kurve fast die Kontrolle. Sie bemerken den Menschenauflauf, bremsen ab und kehren um. Jemand schreit: Stellt den Lärm ab, hier ist jemand ermordet worden!

Ich schiebe die Tür mit der Schulter auf und gehe hinein, die Pistole mit beiden Händen umklammert, so fest ich kann. Sie ist ungewöhnlich kalt, als hätte ich sie gerade im Schnee gefunden. Janko geht hinter mir. Er leuchtet mir mit einer Lampe den Weg. Wir hören, wie sich im Dunkeln etwas bewegt. Vielleicht war es nur Einbildung, wer weiß. Wir waren nervös. Um ehrlich zu sein: Wir hatten schreckliche Angst. Schließlich war das mein erster Mordfall. Aber selbst wenn ich schon vorher Leichen gesehen hätte ... ein normaler Mensch gewöhnt sich nie an den Tod, glaube ich.

Als wir das Geräusch hören oder glauben, es zu hören, leuchtet Janko in die Küche. Ich gehe weiter, den Finger am Abzug. Mein Fuß bleibt an irgendetwas hängen. Ich falle hin. Und spüre eine warme Flüssigkeit im Gesicht. Verdammte Scheiße, sage ich, mach mal das Licht an.

Ich liege im Blut von Senka Vukotić. In der Küche finde ich Papiertücher, mit denen ich mir Gesicht und Hände abwische. Janko macht solange Fotos von Senka. Ich glaube, sie ist verrutscht, sage ich.

Sie hatte eine große Wunde am Kopf. Später hat sich herausgestellt, dass der Mörder den ersten Schlag mit einer Axt ausgeführt hat. Der Schlag scheint nicht tödlich gewesen zu sein, sodass der Täter sich hinkniete und ihr den Hals durchtrennte. Das Tatmesser haben wir noch nicht gefunden. Die Axt wird gerade in Podgorica untersucht.

Die Blutspur führte zur Treppe. Das Labor hat später gemeldet, er habe abgelaufene Gummistiefel getragen, Größe 41. Kaum war der Mörder auf der Treppe, hat Pavle auf ihn geschossen. Zwei Mal. Wir haben Schrotkugeln in der Wand gefunden. Er verfehlte ihn, unglaublich. Wir haben das Haus mehrmals durchkämmt, ohne eine Blutspur des Täters zu finden. Was die Angst im Menschen bewirkt: Pavle feuerte vom obersten Treppenabsatz, aus höchstens fünf Metern Entfernung. Noch bevor er das Gewehr nachladen konnte, war der Mörder bei ihm.

Soweit wir es rekonstruieren können, traf Pavle der erste Schlag an der rechten Schulter. Als der Mörder erneut ausholte, um ihm den tödlichen Schlag zu versetzen, rannte Pavle ins Badezimmer – dort versuchte er sich zu verstecken.

Dann geschah etwas, weswegen wir sicher sind, dass der Mörder die Hausbewohner gekannt hat und nicht zum ersten Mal im Haus war. Statt Pavle zu folgen, ging er ins Kinderzimmer. Also, ich meine, er wusste, dass sie Kinder hatten und auch, wo er sie finden würde. Im Bett am Fenster fand er Sonja. Sieben Jahre alt, gütiger Himmel … Bei einem so kleinen Kind genügte ein einziger Schlag.

In der Zwischenzeit wurde Pavle bewusst, dass er die Kinder dem Mörder auf Gnade und Ungnade ausgeliefert hatte. Als er ins Zimmer gerannt kam, sah er den Unbekannten auf dem Boden knien. Um Helena, die unters Bett gekrochen war, zu packen, musste der Mörder die Axt aus der Hand legen. Das war Pavles zweite Chance. Eine dritte bekam er nicht mehr. Obwohl er jetzt die Axt in der Hand hielt und dadurch im Vorteil war, überwältigte der Mörder ihn und schlachtete ihn ab, wie Senka, unten im Flur.

Helena versuchte zu fliehen. Sie kam nicht weit. Wir fanden ihre Leiche im Salon, auf der Couch, vor dem laufenden Fernseher. Den Blutspuren nach zu urteilen, setzte sich der Mörder neben sie. Was das bedeuten könnte, versuchen unsere Psychologen noch herauszufinden. Eines ist sicher: Er hat Animal Planet eingeschaltet.

Dann ist er gegangen. Niemand hat ihn gesehen, niemand hat ihn gehört, er hat weder Fingerabdrücke noch DNA-Spuren hinterlassen. Weitere Untersuchungen wird es nicht geben – wie du bestimmt weißt, haben Obdachlose das Haus der Vukotićs verwüstet und angezündet. Das ist die Geschichte. Ich schätze, sie ist deine zweihundert Euro wert, sagte Inspektor Jovanović.

Auf jeden Fall, antwortete ich und klopfte ihm auf die Schulter. Ich bestellte ihm ein Bier, bezahlte und ging hinaus auf die Straße. Aber in Wirklichkeit war es mir nicht möglich, fortzugehen. Ich kehre jeden Tag in die Kneipe zurück, an denselben klebrigen Tresen, und höre mir immer wieder diese Geschichte an, wie einen blutigen Refrain, den ich nicht mehr aus dem Kopf bekomme.

Auch an jenem Abend erinnerte ich mich wieder an alles, während ich im Stau feststeckte und die Brandruine der Bibliothek betrachtete, über die sich Schnee gelegt hatte, so wie man einen Toten mit einem weißen Tuch bedeckt. Und obwohl man es eigentlich verbergen will, weiß jeder, dass sich eine Leiche darunter befindet, dass ein Verbrechen geschehen ist.

Es dauert mindestens eine Stunde, bis ich hier wieder herauskomme, dachte ich. Es war kalt geworden, und der Schnee, für dessen Räumung sich niemand zuständig fühlte, war auf der Straße festgefroren. Wahrscheinlich hatte jemand nicht rechtzeitig gebremst und war auf den Vordermann aufgefahren. Sie schafften es sogar heute Abend, deswegen zu streiten. Da kam auch schon die Polizei, um für Ordnung zu sorgen: Durch den immer dichter fallenden Schnee sah ich Blaulicht. Ein Glück, dass ich noch getankt hatte, bevor die Tankstellen dichtgemacht und ihre Angestellten nach Hause geschickt hatten. Als die Vorräte der Ulcinjer Tankstelle aufgebraucht waren, riefen sie in der Zentrale in Kotor an, um zu fragen, ob sich ein neuer Tankwagen zu ihnen auf den Weg machen würde. Den ganzen Morgen hatten sie vergeblich versucht, jemanden zu erreichen, aber erst am Nachmittag meldete sich ein Mann, der ihnen mitteilte, dass sowieso alles vorbei sei, dass niemand mehr irgendetwas brauche, schon gar kein Benzin. Was sollen die Leute damit, als könnten sie irgendwohin fliehen, sagte der deprimiert wirkende Kotoraner. Seine Frau habe ihn aus dem Haus gejagt, klagte er. Er solle verschwinden, habe sie gesagt, wenigstens sterben wolle sie ohne ihn. Er habe nicht gewusst, wohin, und sei zurück ins Büro gegangen. Nun sei er allein und das gesamte Gelände der Firma Hellenic Petroleum verwaist. Als den Angestellten der Ulcinjer Tankstelle klar wurde, dass das Ende der Welt auch den Verlust ihrer Arbeitsplätze bedeutete, hatten sie das Geld aus der Kasse unter sich aufgeteilt. Die Gasflaschen, die in glücklichen Zeiten neben dem Treibstoff zum Kauf angeboten worden waren, stopften sie in ihre Kofferräume, und auf die Rückbänke schoben sie Tüten voller Süßigkeiten, Zigaretten und Whiskyflaschen. Sie machten sich nicht die Mühe, die Tür hinter sich abzuschließen. Wahrscheinlich kippten sie immer noch hastig den *Chivas,* während sich ihre Kinder bis zum Erbrechen mit Süßigkeiten vollstopften, damit bloß nichts übrig blieb. Man soll ja nichts verkommen lassen.

Wie mir der Zeiger unter dem Tachometer versicherte, hatte ich noch genug Benzin, um alles zu erledigen, was ich an jenem Abend zu Ende führen musste. Der Motor brummte zuverlässig. Ich drehte die Heizung auf und wechselte die CD. *Alleluia,* sang Odawas, als einige Männer mit langen schwarzen Bärten stramm an mir vorbeimarschierten. Sie hasteten zur Moschee, es war Gebetszeit. Die Minarette flimmerten wie Leuchttürme. Zu spät, dachte ich, wir laufen trotzdem auf Grund. Ihr könnt unter Altäre kriechen oder in Minarette flüchten wie in Raketen, die euch ins Jenseits befördern – es wird kommen, wie es verheißen ist: Heute Abend wird sich niemand verstecken können.

Wegen heute Nacht müsste, wenn dazu noch Zeit wäre, für den Begriff *Deadline* eine neue, endgültige Definition ins Wörterbuch eingetragen werden: Alles, was man auf der Erde noch erledigen will, muss man heute Abend erledigen. Arbeiten unter Druck – das bin ich gewohnt. Dabei hatte ich mir die Arbeit als Privatdetektiv in einer so kleinen und ruhigen Stadt wie Ulcinj als leichte und sichere Tätigkeit vorgestellt: Betrogene Ehemänner, misstrauische Frauen – wer außer unglücklichen Menschen in unglücklichen Ehen könnte meine Dienste schon benötigen? So dachte ich damals.

Ich hatte ein Büro in der Innenstadt gemietet und es minimalistisch, aber, wie ich meine, sehr geschmackvoll eingerichtet. Die Wände dekorierte ich mit Plakaten guter alter Filmklassiker: Bogart in *Die Spur des Falken*, Nicholson in *Chinatown* … Sie sollten meine Kundschaft diskret dazu bringen, mich mit den Besten zu vergleichen. Ein wenig prätentiös, das gebe ich zu, aber sehr wirksam, wie sich herausgestellt hat. Den Raum dominierte ein Schreibtisch aus massiver Eiche. Stilmöbel, fand ich, geben der Kundschaft das Gefühl, ein Traditionsunternehmen zu betreten – und der Tradition vertrauen die Menschen, obwohl Tradition sie immer betrügt, wenn sie sie nicht zuerst betrügen. Auf den

Tisch stellte ich eine schwarze Mercedes-Schreibmaschine: echt antik, echt extravagant. Wer hereintrat, sollte wissen, dass neumodische Geräte wie Computer hier keinen Platz fanden, dass man hier nach erprobten Methoden arbeitete. Ein Detektiv braucht das Image eines Oldtimers, fand ich. Sie sollten denken, dass sie es mit einem harten Kerl vom alten Schlag zu tun hatten, der, wo es nötig war, Druck ausüben konnte, einem, der viel durchgemacht hatte, der aus dem Dreck kam, aber nicht davor zurückschreckte, sich dreckig zu machen, sollten die Umstände dies von ihm verlangen.

Die Leute schienen sich ausgerechnet zur selben Zeit, da ich mein Detektivbüro eröffnete, plötzlich zum Morden, Entführen und Vergewaltigen entschlossen zu haben. Was die Ehebrüche angeht, kann ich die Paare, die ich entzweit habe, an zehn Fingern abzählen. Diese Fälle werden mir als die besten in meiner blutgetränkten Karriere in Erinnerung bleiben. Ich folge den Ehebrechern bis zum Hotel, mache es mir im Auto bequem und nippe ein, zwei Mal an der Whiskyflasche – gerade Zeit genug, damit sie sich ausziehen und zur Sache kommen können. Dann ein paar Beweisfotos und der Fall ist gelöst. Viel Erfahrung mit solchen Fällen habe ich wie gesagt nicht, jedenfalls nicht so viel, wie ich gerne hätte, aber eines ist sicher: Frauen stecken Ehebrüche deutlich besser weg. Eine Frau empfindet den Ehebruch des Partners als Verrat, was sie wütend macht und verletzt. Ein Mann hingegen, der erfährt, dass seine Frau ihn betrügt … Für ihn ist es eine Demütigung, der unwiderlegbare Beweis dafür, kein richtiger Mann zu sein. Wenn eine Frau erfährt, dass sie betrogen worden ist, schärft sich ihre Weiblichkeit schlagartig, als trüge sie einen Weiblichkeitsschalter in sich, den der betrügende Mann unwillkürlich betätigt. Ein betrogener Mann sackt sofort zusammen, wie ein gebrauchtes Kondom. Nur weniges auf der Welt ist so zerbrechlich wie die Männlichkeit, so viel habe ich gelernt.

Eines begriff ich schnell: Egal, ob ich *ernsthafte Verbrechen* aufklärte, wie einen Mord, oder *Verbrechen am Herzen,* wie eine meiner Mandantinnen – die zur Romantik und, was mich freute, auch zur Promiskuität neigte – den Ehebruch beschrieb: Das Wichtigste ist es, zu verstehen, was der Mandant will. Wer mich damit beauftragt, herauszufinden, ob sein Partner ihn betrügt, will Beweise sehen, dass seine Zweifel berechtigt sind. Klar: Wenn die Frau den Mann betrügt, ist sie eine Schlampe. Wenn nicht, dann ist er das Schwein, weil er ihr misstraut hat. Bei der Entscheidung zwischen dem schlechten Bild von ihr und dem schlechten Bild von sich fällt die Wahl immer auf Ersteres. Jeder von uns trägt ein unermessliches schweinisches Potenzial in sich, das ist klar. Ob und in welcher Form dieses Potenzial auch in die Tat umgesetzt wird, ist eine Frage technischer Natur. Deshalb liefere ich immer Beweise für einen Ehebruch – ein wenig Fotomontage wirkt Wunder – egal, ob er stattgefunden hat oder nicht. Wenn nicht, hätte er stattfinden können. Gewissermaßen tue ich also eine tiefere Wahrheit kund. An oberster Stelle steht schließlich der Mandant – ist er zufrieden, bin ich es auch.

Bei einem Mord ist es komplizierter. Etwas verallgemeinert könnte man sagen, dass es zweierlei Auftraggeber für Mordermittlungen gibt: die einen, die erfahren wollen, wer der Mörder ist, und die anderen, die nach dem *Warum* fragen. Mit Letzteren hat man es leicht: Man redet mit ihnen. Wenn sie vorbeikommen, um sich nach dem Ermittlungsstand zu erkundigen, lädt man sie in ein nahe gelegenes Lokal ein ... Bei einem Drink werden sie locker. Früher oder später machen sie Andeutungen über ihre Vermutungen. Dann ist der Fall so gut wie gelöst. Im weiteren Verlauf bestätigt man nur noch die Geschichte, die sie sich selbst ausgedacht haben. Man sagt, man sei kurz davor, den Fall zu lösen, lässt sie aber noch ein wenig warten. Aus irgendeinem Grund meinen die Leute, dass das, was sie als *Wahrheitsfindung* bezeichnen, mühselige Arbeit ist. *Die Wahrheit wird unter Schmerzen geboren,* habe ich sie mehrere Male sagen hören.

Unangenehm sind die, die wissen wollen, wer der Mörder ist. Meistens, um sich zu rächen. Daher kann man hier nicht einfach mit dem Finger auf den Nächstbesten zeigen. Solche Fälle versuche ich wirklich zu lösen, was mir aber meistens nicht gelingt. Am Ende löse ich den Vertrag auf und stelle nur meine Kosten in Rechnung.

Die menschliche Denkweise nützt dem Detektiv. Egal, welche Lösung man präsentiert, immer rufen die Leute: *Ich habe es gewusst!* Egal, was man ihnen vor die Füße wirft, und sei die Geschichte noch so abgenutzt und löchrig wie ein Lumpen, sie sagen immer: *Logisch!* Für alles gibt es schon Beweise, was fehlt, ist nur noch die Geschichte, die von den Beweisen gestützt werden soll. Lasst es mich am Beispiel eines WM-Finalspiels erklären. Das Elfmeterschießen entscheidet über den Weltmeistertitel. Als Letzter schießt der beste Spieler der Welt. Egal, ob er das Tor trifft oder nicht, alle werden sagen: Ich habe es gewusst! Weil es *logisch* ist, dass der beste Spieler das Tor trifft, wenn es am schwierigsten ist, genauso *logisch,* wie dass er das Tor im entscheidenden Moment verfehlt, denn wie wir wissen, spielt das Schicksal dem Menschen oft übel mit.

Detektivarbeit besteht also weniger darin, die Wahrheit zu finden, als vielmehr darin, Geschichten zu finden, die von den Menschen als Wahrheit akzeptiert werden. Es geht nicht darum, die Wahrheit aufzudecken – sondern das, was für diese Menschen die Wahrheit ist. Die Wahrheit erscheint immer als Fiktion, immer in Form einer Geschichte. Ich erzähle Geschichten.

Ich erinnere mich, dass mich zu jener Zeit die erste der E-Mails, die meinen *Big Sleep* zunichtemachen würden, bereits erreicht hatte ... Auch damals stand ich im Stau, nachdem ich Inspektor Jovanović mit seinem Bier und seiner Unfähigkeit, zu akzeptieren, dass die Gräueltat, die er mir beschrieben hatte, tatsächlich passiert war, zurückgelassen hatte. Eine Unfähigkeit, die ihn glücklicherweise nicht der Fähigkeit beraubte, Bestechungsgeld anzunehmen. Er wird die Gräueltat im Haus der Vukotićs immer als Ausnahmefall empfinden – als etwas, was passiert ist, obwohl es sonst nie passiert. Oder zumindest immer anderen. Wir besitzen die Fähigkeit, das Grauen des eigenen Lebens nicht wahrzunehmen, dieser Blindheit verdanken wir unsere Lebenskraft. Allein die Lüge macht uns frei: Ein einziger Tropfen Wahrheit über uns könnte den Rest unseres Lebens zerstören.

Damals war es ganze vierzig Grad heiß, ein trockener Südwind zog auf. Schon am Vorabend hatten die Fischer ihre Boote an Land gezogen. Sie schlafen immer mit einem Radio am Ohr. Da Ulcinj keinen Bootshafen hat, sind genaue Wettervorhersagen und schnelle Beine das Einzige, was ihre Boote vor den Wellen, die entschlossen sind, sie gegen die Felsen zu schlagen, rettet. Radio Dubrovnik hatte wieder einmal richtiggelegen: Das Meer stieg nach Mitternacht tatsächlich an.

Es war, als hätte jemand ein Vakuum über der Stadt erzeugt. Alles unter dem Himmel rang nach Luft. Ich versuchte, im Park gegenüber dem Lokal einen Hauch frischer Luft zu schnappen. Dann ging ich zur Bar auf der anderen Seite und bestellte einen Whisky mit zwei Eiswürfeln. Alles umsonst: Wohin ich auch ging, ich atmete Hitze ein. Als hätte die Welt sich in einen Ofen verwandelt, der sich direkt vor meinem Gesicht geöffnet hatte und in den ich nun hineinblickte. Ist es nicht eigentlich mit jeder Veränderung so? Wir entscheiden uns nicht *wegen* sondern *trotz allem* für sie.

Sämtliche ortsbekannten Schizophrenen waren auf der Straße: Sie tranken Coca-Cola, faselten, rauchten im Gehen, wechselten oft das Tempo und die Richtung, als wüssten sie weder, wo sie waren, noch, wohin sie gehen sollten. Es war unmöglich, sie von den Touristen zu unterscheiden. Die Stadt war voller Menschen mit unbekannter Diagnose, deren Zustand jedoch eindeutig nach dringender Hospitalisierung verlangte.

Etwas später fuhr ich durch eine Schar von Touristen. Wie eine Herde, die zum Wasser zog, um zu trinken, zogen sie die steilen Ulcinjer Gassen hinab zum Strand. Unterwegs pflügten sie alles um, trampelten alles nieder. Sie gingen mitten auf der Straße, dort war mehr Platz als auf dem Gehsteig. So waren sie schneller, und das war wichtig, denn Schnelligkeit verhalf ihnen zu einem besseren Platz am Strand. Heranfahrenden Autos wichen sie nicht aus. Die Erfahrung hatte sie gelehrt, dass der Fahrer sie letztlich doch nicht überrollen würde. Auf Hupen reagierten sie nicht. Und Schimpfwörter verstanden sie nicht.

Die Farmer in Amerika, das habe ich mal im Fernsehen gesehen, haben Jeeps mit Stoßstangen aus Gummi. Sie fahren langsam geradeaus und schieben alles zur Seite, was im Weg ist. So kann das Fahrzeug die Herde lenken, ohne die Tiere zu verletzen. Erster Gang rein, etwas Gas und einfach nur geradeaus.

Aber Amerika ist weit weg. Das Problem für jemanden, der, sagen wir, beschlossen hat, sich im Kiefernwald zu betrinken, wo der Duft nach Harz und Zapfen, ein frischer Nordwestwind und Schatten locken, sind nicht nur die Fußgänger, nicht nur die Touristen. Seine Mitbürger sind ihm Problem genug. Die hinterm Steuer sind die Schlimmsten: Sie haben Führerscheine, Vor- und Nachnamen, ja sogar Biografien. Sie haben alles, nur keinen Respekt vor anderen.

Der Mensch schraubt seine Ansprüche zurück, er erwartet wirklich nicht viel vom Leben. Nur, zum Beispiel, dass er sich ins Auto setzen und an einen Ort fahren kann, wo es genug Whisky und Eis gibt. Aber egal, wie wenig wir uns wünschen: Wir bekommen noch weniger.

Ich stand in einem Hunderte von Metern langen Stau. Den Leuten war heiß, sie waren nervös. Sie hupten, manche drohten und schimpften, manche waren ruhig, weil sie von ihren Priestern gelernt hatten, sich dem Schicksal – eine andere Bezeichnung für Chaos – zu überlassen. Nach ein bis zwei Minuten, die mir vorkamen wie ein bis zwei Stunden, setzte sich die Autokolonne langsam in Bewegung, wie eine riesige Schlange. Die Erfahrung lehrt mich: Wenn es in Ulcinj Stau gibt, steckt immer Dreistigkeit dahinter. Jemand hält an und redet mit dem Fahrer aus einem anderen Auto. Jemand parkt mitten auf der Straße, um sein Ticket im Wettbüro abzugeben. Wir kamen an der *Stauursache* vorbei: Ein junger Mann mit eckigem Kopf und entsprechend dämlichem Gesichtsausdruck hatte vor einem Burek-Laden angehalten und die Spur zum Kleinen Strand blockiert. Er hatte vom Wagen aus einen Burek bestellt und wartete nun darauf, dass man ihn zubereitete und ihm brachte. Dann hatte er aber kein Kleingeld und wartete, das heißt *wir* warteten, dass der Ladenbesitzer den Zwanzig-Euro-Schein wechselte und ihm das Rückgeld gab. Alles ohne Hast, in größter philosophischer Ruhe, ohne die anderen zu beachten, die Autos, die Hitze, das Hupen ... wie eine Kuh im Zen: Nur bei Kühen auf der Straße treffen wir dieselbe Gleichgültigkeit der Umwelt gegenüber an, dieselbe friedliche Entschlossenheit, das zu tun, was ihnen gerade in den Sinn kommt, meistens: an Ort und Stelle einen Fladen fallen zu lassen.

In der Stadt lässt sich die Primitivität eines Menschen genau messen, nämlich an seiner Rücksichtslosigkeit gegenüber den Bedürfnissen seiner Mitmenschen, an der Stärke seiner Überzeugung, der Einzige auf der Welt zu sein, das Recht zu haben, überall zu tun, was er gerade will, egal, welche Schwierigkeiten er anderen damit bereitet. Sein Platz ist in der Natur. Dort hat er gelernt: *Existieren heißt zu schinden.* Urbane Illusionen teilt er nicht – für ihn ist die Natur kein sensibles Gleichgewicht, kein empfindlicher und komplexer Organismus. Die Natur hat ihn und die Seinen durch die Geschichte hinweg nur geschunden, mit ihren Dürren, ihren Unwettern, Überschwemmungen, ihrem Frost. Sie sind der Natur knapp entkommen, haben jedoch nichts als Natur mit sich genommen, denn sie *sind* Natur. Die Primitivität eines Menschen lässt sich, wie gesagt, am Grad der Störung, die er für seine Mitmenschen darstellt, genau bemessen. Denn der Primitive ist unfähig, in Stille und Diskretion zu existieren: Er verbreitet immer Lärm, Schmutz und Gestank. Und er tut alles, um bemerkt zu werden – er *strahlt* seine Existenz unaufhörlich *aus*. Seine Existenz ist ein Angriff auf die Sinne und den Verstand. Er schindet uns durch seine pure Existenz. Seine Freude bedeutet unweigerlich Leid für den rücksichtsvollen Menschen mit Geschmack, der das Pech hat, neben ihm zu wohnen. Was für den Primitiven ein Genuss ist, verursacht beim zivilisierten Menschen Schmerz.

In Wien hat ein Österreicher seinen bosnischen Nachbarn erschossen, das habe ich mal in der Zeitung gelesen. Wie sich herausstellte, hatte der Bosnier den Österreicher mit lauter balkanischer Volksmusik wahnsinnig gemacht, die jahrelang jeden Nachmittag aus seiner Wohnung tönte. Der Österreicher beschwerte sich mehrmals bei der Polizei, die ordnungsgemäß intervenierte, was den Bosnier aber nicht davon abhielt, den Österreicher weiter zu schinden. Als dieser begriff, dass alle gesetzlichen Möglichkeiten zum Schutz seiner Ruhe und Privatsphäre ausgeschöpft waren, jagte der Österreicher dem Bosnier eine Kugel durch den Kopf und stellte sich ganz ruhig der Polizei.

Diese Geschichte habe ich mir gemerkt, denn sie zeigt, dass uns das Gesetz vor dem Primitiven nicht schützen kann, der nichts anderes ist als eine Naturerscheinung. Wie brutal das Gesetz auch ist, es reicht nie an die Brutalität der Natur heran. Wenn das Gesetz für Vergeltung steht, wie bei der Todesstrafe, ist es der Natur am nächsten – und damit am weitesten vom Gesetz entfernt.

Deshalb ist das Leben hier auch so unerträglich: Primitivität ist kein Exzess, sondern *Grundbestandteil* der hiesigen Kultur, die *im Grunde* also gar keine Kultur ist. Wer nicht primitiv ist, ist ein Fremdkörper und bekommt dies täglich am eigenen Leib zu spüren. Mit viel Mühe, Glück und Geld kann man eine Festung um sich herum errichten und darin – für gewisse Zeit – die eigene Ordnung aufrechterhalten. Für *gewisse Zeit* kann man seine Welt abschotten: hohe Mauern errichten, tiefe Gräben ausheben, die Brücken hochziehen. Doch sie finden einen Weg hinein: Wie in Poes *Die Maske des Roten Todes* dringt ihre Natur zu dir vor und fegt deine Welt von *ihrem* Erdboden.

Hier werfen die Leute den Müll neben die Straße und verwandeln die Landschaft in eine Deponie. Ihr Vieh – ohne das sie in ihren Vorstädten nicht überleben können – spaziert über den Asphalt und grast in den Parks, als wären diese Weideland. Ihre Kinder imitieren kitschige Brunnenfiguren und urinieren vor den Augen der Passanten in Blumenkübel. Sie hinterlassen ihre Notdurft am Strand und in verlassenen Kulturzentren. Ihre liebste Kunstform ist die Musik, weil diese keine Interpretation, kein Nachdenken erfordert. Wie mit alles abtötendem Salz bestreuen sie die Welt bis spät in die Nacht mit ihrem Lärm, ihrer widerlichen Musik, die sie brauchen, um fröhlich zu sein. Wände und Werbeflächen bekleben sie mit Fotos ihrer vollbusigen Weibchen, deren Furcht einflößende Gesichter und Grimassen wahrscheinlich Begierde suggerieren sollen, aber nur von Dummheit und Leere zeugen. In diese Leere schieben sie ihre dauersteifen Geschlechtsteile, und direkt aus dieser Leere werden *ihre* Kinder geboren, die *ihrer* Welt, Nation, Kultur, *ihrer* Art den Fortbestand sichern.

Es gibt Momente, so wie an jenem Tag, zwischen all den Menschen, von denen mich jeder einzelne nur noch störte, Momente, in denen mich ein solcher Zorn überkommt, dass mir keine denkbare Beleidigung, keine einzige sarkastische Salve, die ich auf ihre Zivilisten, ihre *Frauen und hilflosen Kinder** abfeuern könnte, Erleichterung verschaffen würde. Es gibt Momente, in denen der Zorn so sehr auf mir lastet, dass ich mich nicht mehr rühren kann – als wäre der schwarze Monolith aus der *Odyssee* direkt auf meiner Brust gelandet. Momente, in denen nur noch der Zorn *existiert,* in denen ich der Zorn *bin.* Dann denke ich: Tod. Was jetzt kommt, muss der Tod sein. Wenn es irgendetwas

* Während des Aggressionskriegs in Bosnien und Herzegowina berichteten die Medien in Belgrad und Podgorica von angeblich durch Muslime begangenen Verbrechen an serbischen Frauen und hilflosen Kindern (»žene i nejač«). Ziel dieser Berichterstattung war es, bei den Lesern den Wunsch nach Vergeltung zu wecken und die späteren Massaker durch die serbische Armee in Bosnien als gerechte Antwort auf die muslimischen Gräueltaten darzustellen. Anhänger der serbischen Antikriegsbewegung griffen den Begriff »žene i nejač« auf und verwendeten ihn in einem ironisch-sarkastischen Kontext, um so die manipulative Natur der Milosevic-Medien zu verdeutlichen. (Anm. d. Ü.)

danach, irgendetwas außerhalb des Zorns gibt, dann ihn. So dachte ich auch an jenem Tag: Ich drückte mich in den Autositz, umklammerte das Lenkrad und – wartete.

Es ist faszinierend, wie etwas Zuverlässiges wie der Tod so dermaßen unzuverlässig wird, wenn wir es wagen, mit ihm als Retter zu rechnen: In der Regel kommt er zu spät. Ein erleichternder Umstand ist, dass wir über sein Ausbleiben nie wirklich enttäuscht sind. Der Mensch, sagt man, ist ein Tier mit Verstand. Eher ist er wohl ein mit Optimismus gestraftes Tier, trotz seines Verstandes. Kaum löst sich der Pistolenlauf von seiner Stirn, kaum hebt sich der Stiefel von seinem Nacken, kaum weicht die Klinge aus seinem Körper, denkt der Mensch: Es wird besser. Und noch bevor er sich bekreuzigen und ein paar Mal *Glaube, Hoffnung, Liebe* deklamieren kann, liegt er wieder mit dem Gesicht im Dreck, und dann kommt ihm selbst der Tod nicht mehr so schrecklich und ungerecht vor.

Wieder nichts, wieder geht alles weiter, sagte ich zu mir und bemerkte, dass die Leute um mich herum aus ihren Autos stiegen. Immer wieder blickten sie zum Himmel. Sie riefen durcheinander, hielten sich die Köpfe, breiteten verwundert die Arme aus. Dann landete die erste Schneeflocke auf der Windschutzscheibe. Ich öffnete das Fenster und blickte nach draußen: Friedlich und würdevoll, wie in einer hollywoodschen Inszenierung weihnachtlicher Idylle, rieselte der Schnee auf Ulcinj. Mitten im Juni.

Rauchschatten

Schon seit Stunden liegt Erlind seinem Vater Lundrim in den Ohren. Er möchte mit dem alten Kutter, der als Ausflugsschiff verwendet wird, eine Ausfahrt machen. Schließlich macht sich Lundrim auf den Weg zur Seebrücke und zu dem schmalen Kai, wo das Schiff anlegt, um sich nach dem Fahrpreis zu erkundigen. Da entdeckt er unter den Wartenden einige Frauen, für deren Anblick sich jeder Preis lohnen würde. Vor allem angesichts der Vorstellung, sie später auf dem Meer, auf der engen Fläche des Decks gleichsam gefangen zu wissen. In ihrer nur von winzigen Bikinis unterbrochenen Nacktheit wirken die gebräunten Frauenkörper auf den Vater ebenso anziehend wie das große blaue Meer auf den Jungen.

Willst du das wirklich?, fragt er Erlind noch einmal, während sein Blick gemächlich über Hüften, Arme, Venushügel und halbentblößte Pobacken streicht.

Wirklich, stammelt der Junge.

Dann gibt es aber weder Eis noch Limonade, setzt der Vater hinzu.

Erlind willigt mit leuchtenden Augen ein.

Lundrim legt eine Hand auf Erlinds Schulter und führt ihn durch die drängende Menge, die nach den besten Plätzen Ausschau hält, an Deck.

Lass uns vor zum Bug gehen, empfiehlt der Vater.

In nur wenigen Minuten ist das Schiff mit Ausflüglern aus Tirana überfüllt, die mit ihrem gepflegten Albanisch Erlind an die Nachrichtensprecher im Fernsehen erinnern. Er lässt diese Assoziation aber rasch unter der brausenden Bugwelle versinken, er möchte nun auch die Stimme seines Vaters nicht mehr hören. Der ist bald verschwunden und macht einen kleinen Rundgang, bei dem er Jeta entdeckt. Sie erwidert schüchtern seinen forschenden Blick, und um ihre Lippen formt sich so etwas wie ein Lächeln, während er unter dem Sonnensegel an ihr vorbeigeht. Sie stützt sich mit den Ellbogen auf die Reling und betrachtet die weiße Gischt, die hinter dem Heck aufstäubt. Lundrim macht einige Schritte, um schließlich, von etwas in seinem Innern gebremst, einzuhalten. Er lehnt sich an die Eisenwand der Brücke. Das Schiff wird von den Wellen sanft geschaukelt. Der Strand entfernt sich hinter dem glitzernden Blau. Die Menschen dort haben sich aufgelöst, nur die Schirme sind als winzige Punkte auf dem gelben Sand noch sichtbar, eine bunte Ameisenkolonie vor dem hellblauen Hotel »Adriatik«, seinerseits kaum größer als eine Streichholzschachtel. Dort am Strand liegen auch seine Frau Ellen und seine Tochter. Sie können ihn natürlich nicht sehen.

Entschuldigung, sagt Lundrim und tritt langsam an die Unbekannte heran. Ich kenne Ihr Gesicht.

Ja?, erwidert sie etwas verwirrt.

Ich bin mir ganz sicher, beteuert er. Es ist …

Sie sieht ihn ernst an. Sie wirft ihren Kopf in den Nacken. Sein Blick fällt auf ihren Bauch und ihre nackten Beine. So nahe wirken sie nicht mehr so anziehend und doch viel aufregender. Er kann keinen Satz mehr zu Ende denken.

Ich bin Dolmetscherin für Deutsch, sagt sie.

Er mustert sie stumm.

Sie arbeiten doch in der Fernsehfabrik, nicht wahr?, fährt sie fort.

Ja!, ruft Lundrim nun aus. Sie haben die Gruppe aus Deutschland gedolmetscht …

Genau, antwortet sie. Da habe ich gedolmetscht.

Genau, wiederholt er fröhlich, und die Röte, die ihr plötzlich ins Gesicht schießt, beruhigt ihn.

Schön, sagt sie. Aber ich bin nicht allein hier.

Lundrim verneigt sich leicht, lächelt verlegen und entfernt sich in Richtung Heck. Er lehnt sich an die Rückwand der Brücke und atmet tief Meeresluft ein. Sie ist vom Dampf verbrannten Schweröls durchsetzt, riecht süßlich betäubend und mischt sich mit dem Geruch des aufschäumenden Kielwassers. Unter sich spürt er die Zylinder des Schiffmotors pochen. Er legt eine Hand auf seine Stirn, lächelt etwas benommen, wankt erneut auf die Steuerbordseite des Schiffes und bleibt dort stehen. Genauso wie sie auf der anderen Seite, denkt er.

Nach wenigen Minuten erscheint Jeta wieder und lehnt sich neben Lundrim an die Reling.

Jetzt geht es wieder, sagt sie.

Natürlich kenne sie ihn. Sie sei vor ihm sogar gewarnt worden. Lundrim schaut sie verwundert an und hebt die Schultern.

Nichts Schlimmes, erklärt sie. Man habe bloß seine Einstellung zur Arbeit erwähnt. Der albanische Leiter der

Delegation, der Kaderchef der Fabrik, habe ihr gesagt, dass Lundrim in seiner Abteilung gleitende Arbeitszeiten eingeführt hätte.

Und Sie erlauben also den Mitarbeitern tatsächlich nach Hause zu gehen, wenn sie ihre Arbeit erledigt haben?, fragt sie.

Ja, erwidert Lundrim, wenn die Arbeit getan ist! Jeder freut sich, wenn er auch nur zehn Minuten früher den Arbeitsplatz verlassen kann.

Ich finde es gut so, meint Jeta. Verstehen Sie mich nicht falsch, nur der Kaderchef schien etwas dagegen zu haben. Doch für mich klingt es vernünftig. Und nach einer kleinen Pause sagt sie: Ist es nicht schade, bei diesem Wetter über solche Sachen zu reden? Außerdem haben wir jetzt nicht so viel Zeit.

Lundrim hat sich Jeta inzwischen genähert, sodass ihre Oberarme ganz nah aneinanderliegen und ihre Schultern einander sanft berühren. Ihr Blick ruht auf der glänzenden Meeresfläche. Lundrim verfällt im Augenblick der Annäherung in einen leichten Rauschzustand. Seine Aufregung wird zur Neugierde. Seine Finger streichen zart über Jetas Arm. Da rückt sie ein wenig nach rechts, er nach links. Nach kurzem Schweigen nehmen sie ihre frühere Position ein und wiederum berühren sich ihre Schultern. Sie richtet sich auf und blickt ihm ernst in die Augen.

Das ist ein Arbeitskollege, sagt Jeta zu jemandem, der hinter Lundrim getreten ist, welcher sich überrascht umdreht. Ein Mann in einer viel zu großen, dunkelblauen, offenbar selbstgenähten Badehose reicht ihm die Hand. Es ist Jetas Bruder. Lundrim zögert, die ihm entgegengestreckte

Hand zu drücken, ergreift sie dann doch und blickt mit falschem Lächeln in die tiefschwarzen, funkelnden Augen des Bruders und anschließend auf Jetas wie angewurzelt wirkende Beine.

Er ist Abteilungsleiter, sagt sie und stockt, als ihr Bruder Lundrim feindselig anstarrt.

Tja, meint Lundrim, ich werde wieder nach meinem Sohn sehen. Er steht ganz allein am Bug. Sehr erfreut, flüstert er schnell dem Bruder zu, während er zwischen der Reling und den sehnigen Schultern des Mannes durchschlüpft. Auf dem Weg zu Erlind beschleicht ihn, als wäre er knapp einer Verfolgung entkommen, unbändige Freude. Vergebens wehrt er sich gegen die Erinnerung an Jetas Gesicht, in dem er plötzlich eine Ähnlichkeit mit dem Gesicht seiner Frau entdeckt, wenn sie ihm Glauben schenkt, wohl wissend, dass er übertreibt, lügt oder etwas im Schilde führt. Der Mund der Halbfremden hat sich ihm bereits eingeprägt. Er trägt dessen Abbild mit sich, und während er sich zwischen den Passagieren seinen Weg bahnt, muss er unwillkürlich vor sich hin lächeln.

Am folgenden Morgen, es ist ein Montag, eilt der Portier quer durch das Fabrikgelände in Lundrims Abteilung, um diesem atemlos mitzuteilen, dass der Kaderleiter eine Sondersitzung einberufen habe und dringend nach ihm verlange.

»Sondersitzung, wiederholt Lundrim, der unter der Nachwirkung seiner gestrigen Begegnung mit Jeta alles immer noch wie durch einen Filter wahrnimmt.

Ja, ja, sagt der Portier und streckt die Hand aus, als wäre Lundrim ein Fremder, der den Weg zum Tagungssaal nicht kennte.

Verwirrt folgt Lundrim den hastigen Schritten des Portiers. Er starrt auf den Asphalt, vermutet ein Missverständnis und fragt den Portier, ob dieser sicher sei, dass er gemeint ist.

Der Mann nickt heftig, versucht ruhiger zu atmen, packt Lundrim am Ärmel und zerrt ihn weiter. Der ist beinahe dankbar, seine schlotternden Knie nicht steuern zu müssen.

Die Abteilung, die Lundrim leitet, ist in einem Gebäude im hinteren Teil der Fabrik untergebracht, während sich der Tagungssaal am anderen Ende des Geländes in einem Gebäude gleich neben der Einfahrt, die von Palmen und Blumen flankiert wird, befindet. Genau hier bleibt der Portier stehen und wirft einen kurzen Blick auf Lundrim. Seinen Blick erwidernd, findet Lundrim plötzlich, dass der Mann geschrumpft ist.

»Jetzt kannst du nichts mehr machen, scheint der Portier zu denken, sagt aber zu ihm: Geh schon hinein, dann erfährst du wenigstens, was sie von dir wollen. Trau dich nur, etwas anderes bleibt dir ohnehin nicht übrig. Dann klopft er Lundrim aufmunternd auf die Schulter, ehe dieser das Gebäude betritt.

Nachweis

Nataša Dragnić (* 1965, Split)

Lauras Lieblingskleid. Copyright © Nataša Dragnić.

Ilir Ferra (* 1974, Durrës)

Rauchschatten. Auszug aus dem gleichnamigen Roman. Copyright © HOLLITZER Verlag, Wien 2015.

Margherita Giovanni (Pseudonym von Brigitte Pons, * 1967, Groß-Gerau, Hessen)

Die ganze Adria liegt uns zu Füßen (Titel von der Herausgeberin). Aus: dies., *Adria Mortale – Bittersüßer Tod.* Copyright © 2021 by Bastei Lübbe AG, Köln .

Sabine Gruber (* 1963, Meran)

Via A. Manuzio (Titel von der Herausgeberin). Aus: dies., *Aushäusige.* Copyright © 2011 Haymon Verlag, Innsbruck-Wien.

Josef Haslinger (* 1955, Zwettl)

zugvögel. Aus dem gleichnamigen Erzählband. Copyright © 2006, S. Fischer Verlag GmbH, Frankfurt am Main.

Veit Heinichen (* 1957, Villingen-Schwenningen)

Triest, 12. September 1977. Aus: ders., *Gib jedem seinen eigenen Tod.* Copyright © 2001 Paul Zsolnay Verlag GmbH, Wien.

Drago Jančar (* 1948, Maribor)

Der Sprung von der Liburnia. Aus dem gleichnamigen Erzählband. Copyright © Drago Jančar. Aus dem Slowenischen von Astrid Philippsen.

Vea Kaiser (* 1988, St. Pölten)

Das Königreich der Bora oder Rovinjsko Ludilo. Copyright © 2015 Vea Kaiser.

Donna Leon (* 1942, Montclair, New Jersey)

Endstation Venedig. Auszug aus dem gleichnamigen Roman. Copyright © 1995, Diogenes Verlag AG Zürich. Aus dem amerikanischen Englisch von Monika Elwenspoek.

Stefan Maiwald (* 1971, Braunschweig)

Die Gang der Gelben Sonnenschirme. Aus: ders., *Laura, Leo,*

Gefährliche
Ferien
Italien

Diogenes

Erzählungen
Ausgewählt von Silvia Zanovello
272 Seiten

Vor italienischen Traumkulissen lässt sich gut leben – aber auch elendiglich sterben. Oder vor Angst zittern. Doch nicht nur von Mafiabossen und Kriminellen droht Gefahr, sondern auch von Autofahrern und Badegästen. Geschichten aus allen Ferienregionen des Bel Paese; von Donna Leon, Andrea De Carlo, Carlo Lucarelli und vielen mehr.

Erzählungen
Ausgewählt von Theresa Clasen und Till Tannhäuser
256 Seiten

Nicht nur in den Bars von Palma tun sich Abgründe auf. Auch in der Idylle der Serra de Tramuntana laden bedrohlich steile Klippen zum Absturz ein, und auf Ibiza überdeckt der verlockende Kräuterduft so manch anderen Geruch. Spannende Geschichten von den Balearen mit Martin Suter, Deborah Levy, George Sand, Doris Dörrie, Agatha Christie und vielen mehr. Mit einem unveröffentlichten Text von Patricia Highsmith.

Gefährliche
Ferien
Die Alpen

Diogenes

Erzählungen
Ausgewählt von Anna von Planta
288 Seiten

Die schwindelnden Höhen verführen zu riskanten Kletterpartien und Skiabfahrten, zu Mordfantasien und zu Hochgefühlen, von denen man sich nur schwer erholt. Dabei werden Sie begleitet von Meistern krimineller und seelischer Abgründe wie Wolfgang Herrndorf, Benedict Wells, Ian Fleming, Donna Leon, Alex Capus, Volker Klüpfel & Michael Kobr, Martin Suter, Veit Heinichen und vielen anderen.

Erzählungen
Ausgewählt von Anna von Planta
288 Seiten

Urlaubsort Südfrankreich ist Tatort Südfrankreich. Eins ist sicher, Südfrankreich ist mörderisch schön. Neben Lavendelfeldern, Weingärten und gelben Sandstränden blühen Verbrechen und gefährliche Sommerlügen, und am strahlendblauen Himmel wetterleuchtet es aus dunkler Vergangenheit. Eine etwas andere Ferienreise in die *douce France,* mit Geschichten von Meistern krimineller und seelischer Abgründe: Martin Walker, Bernhard Schlink, Jean-Claude Izzo, Georges Simenon und vielen mehr.

Erzählungen
Ausgewählt von Kati Hertzsch
272 Seiten

Auch von scheinbar harmlosen Strandspazier-
gängen und Segeltörns kehrt so mancher nicht
zurück, wie die spannenden, doppelbödigen Geschichten von John Irving, Tania Blixen, Chris
Kraus, Bernhard Schlink, Günter Grass, Martin
Suter, Henning Mankell und vielen anderen
zeigen.